DER ZWEITE WELTKRIEG

DER LUFTKRIEG

Duell der Jäger und Bomber

MOEWIG

Luftrüstung in Deutschland

Der Erste Weltkrieg ist beendet. Der Waffenstillstand von 1918 verlangt, daß sofort 2600 deutsche Jagd- und Bombenflugzeuge an die Alliierten auszuliefern sind. Die deutschen Flieger aber weigern sich. Ein Pilot des Richthofen-Geschwaders schreibt mit Kreide ans Schwarze Brett des Gefechtsstandes den Nachruf auf die deutsche Fliegertruppe: »Im Kriege geboren, im Kriege gestorben.« Die Richthofen-Leute sollen ihre Maschinen den Amerikanern übergeben. Doch im Morgengrauen fliegt der Hauptmann Hermann Göring mit dem Richthofen-Geschwader nach Darmstadt, wo der Soldatenrat den Flugplatz besetzt hat. Die berühmten roten Flugzeuge fliegen nach Aschaffenburg weiter und werden dort von ihren Piloten durch mutwillige Bruchlandungen zerstört. Dennoch: Die deutsche Fliegertruppe ist noch keineswegs tot. Gotthard Sachsenberg, Kommandeur des 1. Marinejagdgeschwaders, wandelt in Dessau seinen Verband in das Freikorps »Kampfgeschwader Sachsenberg« um und verlegt mit 50 Offizieren, 650 Mann und 70 Flugzeugen nach Kurland, um Riga von der Roten Armee zu befreien.
Der Pour-le-mérite-Flieger Werner Preuß tritt in die Fliegerabteilung des Freikorps »Schleswig-Holstein« ein und stürzt kurz danach tödlich ab. Oberleutnant Oskar Freiherr von Bönigk stellt die »Freiwillige Fliegerabteilung des AOK-Süd« auf und beteiligt sich an den Kämpfen in Oberschlesien. Der Leutnant Max Näther stirbt in seinem Flugzeug: Polnische Insurgenten haben ihn am 8. Januar 1919 abgeschossen.
Die Reichswehr unterhält mehrere Fliegerabteilungen, eine liegt in Großenhain. Ihr gehört der Leutnant Franz Büchner an. Am 18. März 1920 erhält er den Befehl, der zum Niederwerfen des kommunistischen Aufstands in Leipzig einrückenden Reichswehr aus der Luft Feuerschutz zu gewähren. Nach einem Angriff auf Barrikaden beim Volkshaus

Am 9. November 1918, am Ende des Ersten Weltkriegs, verfügte die deutsche Luftwaffe über 294 Fliegerabteilungen mit einem Sollbestand von über 2700 Flugzeugen, die Marine über nahezu 1500 See- und Landflugzeuge und 16 Marineluftschiffe. 1919 wurde Deutschland im Versailler Vertrag jede Art der Luftrüstung untersagt, die deutschen Maschinen wurden von der Entente konfisziert oder verschrottet (Bild linke Seite). Den Siegermächten war bewußt, daß in einem künftigen Waffengang die Entscheidung an der „dritten Front", in der Luft, fallen würde. Erst nach Wiedererlangung der Wehrhoheit 1935 konnte Hitler im Zuge seiner Revisionspolitik zu offenem Wiederaufbau der Luftwaffe übergehen. Bild rechts: deutsche Jagdflieger über dem Rhein während der „Rheinlandbesetzung" 1936.

Das Verbot der Luftrüstung umging die Reichswehr in der Weimarer Zeit durch Kooperation mit der Roten Armee. Bild oben: deutsche Maschinen auf dem Rollfeld einer von Junkers in Fili südlich von Moskau gemäß Geheimvertrag errichteten Flugzeugwerft; im Vordergrund eine Ju F13, das erste Ganzmetall-Transportflugzeug der Welt.

Bild links: Was Versailles den Deutschen nicht untersagt hatte, war die Segelfliegerei; hier eine „Reiher“ nach einem Gummiseilstart auf der Wasserkuppe in der Rhön, dem „El Dorado“ der Segelflieger in der Zwischenkriegszeit. Bilder rechte Seite: Ernst Udet, Pour-le-mérite-Träger des Ersten Weltkriegs, wurde als Inspekteur der Jagd- und Sturzkampfflieger (seit 1936) zum Vater der „Stuka“-Waffe (oben); links Erhard Milch, seit 1938 Generalinspekteur der Luftwaffe, rechts Walther Wever, bis zu seinem Tod im Juni 1936 ihr erster Generalstabschef.

schießen ihn Aufständische über seiner Heimatstadt vom Himmel.
Bereits am 28. Juni 1919 hatte der Versailler Vertrag postuliert: »... die bewaffnete Macht Deutschlands darf keine Land- oder Marineluftstreitkräfte unterhalten«. Die Reichswehr zögerte mit der Vertragserfüllung, löste aber ihre letzten Fliegerabteilungen Ende 1920 auf, die formale Auflösung war schon im Mai 1920 erfolgt. Teilweise gingen sie in die Polizeifliegerstaffeln über. Hauptmann Hermann Köhl – der später den Atlantik überquerte – flog bei der Stuttgarter Polizeifliegerstaffel. Aber auch die Polizei durfte bald nicht mehr fliegen.
Innerhalb von drei Monaten mußte Deutschland, gemäß den Bestimmungen des Versailler Vertrages, sämtliches Luftfahrtmaterial ausliefern oder zerstören. Voll ohnmächtiger Wut erlebten die Flieger, wie 14 001 Flugzeuge, 27 590 Motoren, 16 Luftschiffe, 37 Luftschiffhallen und Millionenwerte an Bordinstrumenten zertrümmert wurden. Am 5. Mai 1921 wurden im Londoner Ultimatum die deutschen Verpflichtungen noch verschärft: Jede Zivilfliegerei war nun ebenso verboten wie die Herstellung von Motorflugzeugen.
Diese Bestimmungen zeitigten freilich unerwartete Auswirkungen: Wenn nicht mehr mit Motor geflogen werden durfte, dann eben ohne Motor. Einige junge Leute waren schon zuvor an den Ursprung der Fliegerei zurückgegangen und hatten wieder beim Hängegleiter begonnen, mit dem der erste Flieger der Welt, Otto Lilienthal, zu Tode gestürzt war. Schon 1919 hatten junge Flugenthusiasten und alte Kriegsflieger in der Rhön auf der Wasserkuppe begonnen, die Hangaufwinde zum motorlosen Flug zu nutzen. 1920 veranstalteten sie be-reits den ersten Segelflugwettbewerb. Jetzt erhielten sie weiteren Zulauf von Flugidealisten. Längst ging es nicht mehr um Militärfliegerei, sondern um die Leidenschaft, das Abenteuer, das Erlebnis des Fliegens.
Die Anfänge waren unvergleichlich primitiv. Niemand unterstützte die einsamen jungen Flieger auf der Wasserkuppe. Dort stand ein großes Zelt, darin ein großer Schrank, und in dem Zelt wohnten Alexander Lippisch und Gottlob

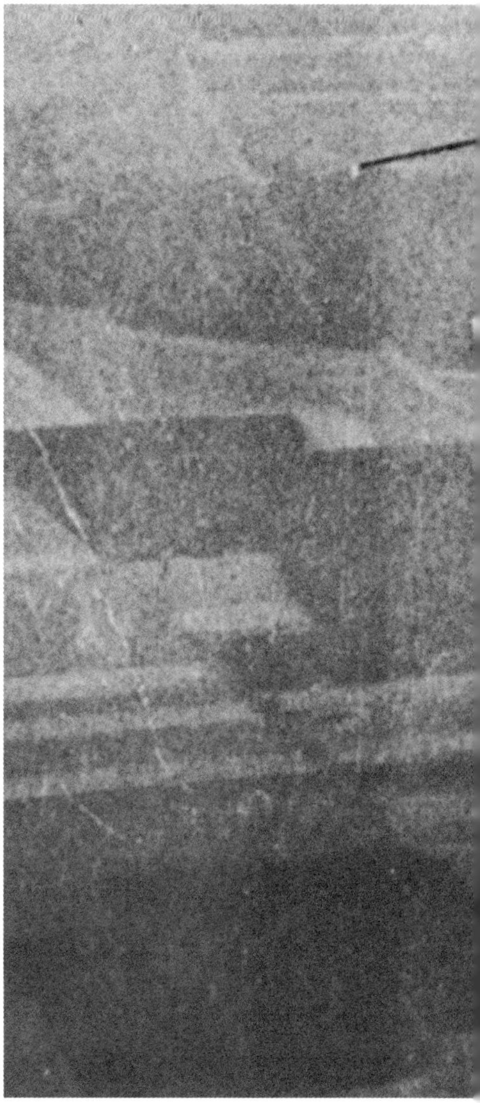

Nach der „Machtergreifung“ Hitlers mußte Professor Hugo Junkers (Bild rechte Seite) die Aktienmehrheit seiner 1919 gegründeten Flugzeug- und Motorenwerke mit Stammsitz Dessau an das Reich übertragen und die Leitung seines für die Luftrüstung wichtigen Konzerns abgeben. Er arbeitete aber weiter als Konstrukteur erfolgreicher Verkehrsflugzeuge (Bild oben: der Ganzmetall-Tiefdecker Ju 90B-1) und produzierte mit Ju 87 und Ju 88 zwei Standardmaschinen des kommenden Krieges.
Bild oben links: Vereidigung der ersten Wehrpflichtigen bei der Luftwaffe (1935).

Espenlaub und bastelten an ihren Flugzeugen, darbten und bettelten um Sperrholz und Kaltleim. Doch allmählich formten sich auf der Wasserkuppe neue wissenschaftliche Erkenntnisse, die später einmal der deutschen Flugzeugindustrie und der Fliegerei zugute kommen sollten. Tausende von begeisterten jungen Leuten erhielten auf der Wasserkuppe ihre fliegerische Ausbildung, überall in Deutschland entstanden Segelflugschulen.
Zu Beginn der zwanziger Jahre wanderten deutsche Flugzeugbauer ins Ausland ab: Dornier in die Schweiz, Professor Junkers nach Schweden (derweilen fertigten die Dessauer Flugzeugwerke Aluminium-Koffer, Löffel und Gasöfen), Professor Heinkel baute bei der »Svenska Aero A.B.« – dort entstanden bereits Flugzeugtypen (auch in militärischen Versionen), die durch den Versailler Vertrag verboten waren. Im Juni 1922 wurden die einschneidenden Bestimmungen über Flugzeugbau und Luftverkehr gelockert, kurze Zeit später Flugzeugfirmen gegründet, die bald berühmt werden sollten: Focke-Wulf,

Arado und Udet-Flugzeugbau, aus der in den nächsten Jahren die Bayerischen Flugzeugwerke und schließlich die Messerschmitt-Werke entstanden.
Ganz allmählich ging es aufwärts; auch für die deutsche Fliegerei gab es die »goldenen zwanziger Jahre«: 1926 wurde die »Deutsche Lufthansa« gegründet, im selben Jahr auch die deutsch-russische Luftverkehrsgesellschaft »Deruluft«. Zugleich wurden neun Punkte des Versailler Vertrages aufgehoben, die deutsche Luftfahrtindustrie konnte mit dem Bau moderner und großer Verkehrsflugzeuge beginnen.
Weiterhin verboten blieb jede Form der Militärluftfahrt, doch erlaubten nun die Alliierten, daß »Reichswehrangehörige sich auf eigene Kosten, ohne staatliche Beihilfe, bis zur Gesamtkopfstärke von 36 Mann innerhalb 6 Jahren im Sportfliegen ausbilden lassen können« – eine Formulierung, die zur Übertretung geradezu aufreizte.
Die Reichswehr hatte ohnedies nie aufgehört, sich zunächst theoretisch, später auch praktisch, mit den Problemen der Militärfliegerei zu befassen. Mit Wissen der Reichsregierung wurde ein Geheimabkommen zwischen der Reichswehr und der Roten Armee geschlossen: Auf russischen Flugplätzen – vornehmlich in Lypeck – durfte die Reichswehr Piloten schulen und geheime Prototypen von Militärflugzeugen erproben. Als Gegenleistung verpflichtete sich das Deutsche Reich, den Sowjets je eine Maschine jedes neuen Flugzeugmusters kostenlos zu übergeben und den Nachbau ohne Lizenzgebühr zu gestatten.
Zwischen 1923 und 1933 wurden all-

jährlich 240 deutsche Piloten in Rußland ausgebildet – das Stammpersonal der künftigen Luftwaffe.
Fliegernachwuchs wurde aber auch im Deutschen Reich herangezogen. Der »Deutsche Luftsportverband« (DLV) bemühte sich um Jungflieger. Einer von ihnen war der Oberschüler Adolf Galland. Mit siebzehn Jahren saß er zum erstenmal in den westfälischen Borkenbergen am Knüppel eines Schulgleiters. 1931 ersegelte er sich den Schein »C« auf der Wasserkuppe. Nach dem Abitur wurde er in die Deutsche Verkehrsfliegerschule Braunschweig aufgenommen – an Militärfliegerei dachte er dabei nicht. 1932 wurde Galland zur Verkehrsfliegerschule Schleißheim überstellt, wo er in einem Sonderlehrgang eine komplette Jagdfliegerausbildung erhielt – nur die Waffen fehlten. Im Frühsommer 1933 – Hitler war inzwischen in die Reichskanzlei eingezogen – reiste der Schleißheimer Jagdfliegerlehrgang nach Süditalien zur Luftschießausbildung: Die Zusammenarbeit mit der Sowjetunion war der mit Italien gewichen. Schon lange vor Hitlers Machtergreifung waren andere Fundamente der Luftwaffe gelegt worden: Die »Abteilung Luftverkehr« im damaligen »Reichsverkehrsministerium« wurde seit 1919 von Hauptmann a.D. Ernst Brandenburg, im Weltkrieg Kommandeur eines Bombergeschwaders, geleitet. Brandenburg hielt Verbindungen und koordinierte Absichten der Reichswehr mit der Luftfahrtindustrie, der »Wissenschaftlichen Gesellschaft für Luftfahrt«, der »Deutschen Versuchsanstalt für Luftfahrt« und dem »Deutschen Forschungsinstitut für Segelflug«.
Nach dem 30. Januar 1933 bezog Hitlers Mitstreiter Hermann Göring, ehemals Kommandeur des Richthofen-Geschwaders, das Chefzimmer des neugebildeten Reichsluftfahrtministeriums. In fünf Ämtern, einer Abteilung und dem Kommando der Fliegerschulen formierte sich die Führungsspitze der noch geheimen Luftwaffe. Reichswehroffiziere bestimmten den Ton, alte Kriegsflieger wurden reaktiviert und traten an ihre Seite. Freilich zeigte es sich sehr bald, daß zwar genügend Truppenoffiziere und Fliegernachwuchs aufgebo-

ten werden konnten, die Besetzung der Spitzenposten jedoch unerwartete Schwierigkeiten bereitete. Von den sieben Amtschefs im Reichsluftfahrtministerium (RLM) waren nur drei ehemalige Flieger.
Die alten Kriegsflieger drängte es zur Truppe, doch sie waren zumeist Leutnante, höchstens Hauptleute gewesen und hatten keinerlei Erfahrungen in der Führung größerer Verbände. Diejenigen Kriegsflieger aber, die ständig bei der Fliegerei geblieben waren, hatten inzwischen in der Luftfahrtindustrie oder bei der Lufthansa führende Posten und waren dort unentbehrlich. Und die Kriegsflieger, die in Spitzenpositionen der geheimen Luftwaffe kamen, pochten nicht selten auf ihre Kriegserfahrung, die jedoch – wie sich bald zeigen sollte – durch die fortgeschrittene Technik in vielen Punkten überholt war. Das RLM wuchs schnell zu einem bürokratischen Wasserkopf mit zahllosen Referenten und Sachbearbeitern, die keineswegs alle sachkundig waren.
Hinzu kam die Hektik des allzu schnellen Aufbaus. Fliegerhorste wurden aus dem Boden gestampft – manchmal aus zu feuchtem Boden: Während längerer Regenperioden wandelten sie sich in Schlammäcker. Startbahnen waren für die schneller und größer werdenden Flugzeuge zu kurz und konnten wegen des Geländes auch nicht verlängert werden. Betonstartbahnen gab es nicht, sie fehlten, als die ersten Düsenjäger eingesetzt wurden.
Natürlich waren Fehlentscheidungen nicht zu vermeiden, wenn in kurzer Zeit ein ganzer Wehrmachtteil neu aufgestellt werden mußte. Schließlich lagen nur geringe Erfahrungen über die Verwendung von Militärflugzeugen nach dem Krieg vor. Flugzeuge spielten zwar eine wichtige Rolle, als Frankreich den Aufstand der Rifkabylen niederschlug, ähnliche, aber ausschließlich taktische Erkenntnisse lagen über den Einsatz britischer Flugzeuge bei kolonialen Scharmützeln vor. Doch erst in den Jahren 1935/36 ließ sich beim Feldzug der Italiener gegen Abessinien erkennen, wie wertvoll die Luftunterstützung für die Bodentruppen ist. Diese Erkenntnis machte sich die deutsche Luftkriegsstrategie zu eigen.

Die deutsche Luftwaffe sollte das militärische Rückgrat von Hitlers „Blitzkrieg“-Strategie werden, die Luftrüstung und die Ausbildung von Piloten und technischem Personal erhielten daher höchste Priorität. Bilder linke Seite: Start frei zum ersten Alleinflug (unten); Luftkampfübungen mit Zielgerät und „MG-Kamera“ (oben und Mitte). Mit dem so gewonnenen Anschauungsmaterial konnten sich die Piloten ein genaues Bild über die Anzahl der geschossenen Treffer und „Fahrkarten“ machen. Bild oben: Seefliegerhorst am Müggelsee. Bild rechts: Blick durch die Kanzel eines Kampfflugzeugs.

Zunächst galt es, überhaupt eine Fliegertruppe aufzustellen und sie provisorisch mit Flugzeugen auszurüsten.
Im diktatorisch regierten Dritten Reich standen dafür schier unbegrenzte und von keinem Parlament kontrollierte Mittel zur Verfügung. Die Jagdstaffeln erhielten die Heinkel He 51, einen wendigen, aber langsamen Doppeldecker, die Aufklärerstaffeln die He 45 und später die He 46; als Kampfflugzeug – wie von nun an die Bomber genannt wurden – wurde zunächst die Ju 52 verwendet, danach die nur wenig schnellere Ju 86, als Sturzkampfflugzeug flog anfangs die Henschel Hs 123, ein Anderthalbdecker.
Alles in allem vollzog sich der Aufbau der Luftwaffe in unglaublich raschem Tempo: Von 50 Offizieren der Anfangszeit wuchs sie auf 10 000 innerhalb von drei Jahren. Dem Ausland blieb das

Die von Professor Claude Dornier, einem ehemaligen Mitarbeiter des Grafen Zeppelin, 1922 gegründeten Dornier-Werke in Friedrichshafen am Bodensee hatten sich auf die Konstruktion von Flugschiffen und Flugbooten spezialisiert. Bild oben: eine Dornier Do 18E V3 „Aeolus" mit Schwerölmotor.

Bild rechte Seite: Die viermotorige Do 26 hatte bei einer Höchstgeschwindigkeit von 335 km/h eine Reichweite von 9000 Kilometern. Bild links: Auf der Rumpfnase der Do 26 erkennt man die drehbare Kanonenkanzel; die Kanone selbst ist noch nicht montiert. In ihrer militärischen Ausführung wurde die Do 26 als Fernaufklärer eingesetzt.

geheime Wirken des RLM nicht verborgen. Winston Churchill sagte 1934 im Unterhaus: »Durch Verletzung des Versailler Vertrages besitzt Deutschland schon jetzt eine Luftwaffe, deren Stärke zwei Drittel der unseren beträgt.« Das war stark übertrieben, half Churchill aber, die Royal Air Force (RAF) zu vergrößern.

Im Februar 1935 besuchte Reichsluftfahrtminister Göring die Verkehrsfliegerschule in Schleißheim. Im Schloß Mittenheim hielt er eine Ansprache vor Lehrpersonal und Flugschülern und deutete an, daß die Zeit der Geheimhaltung bald vorbei sein werde. Er hatte ein Musterexemplar der künftigen Luftwaffenuniform mitgebracht, und Rittmeister Bolle aus dem alten Richthofen-Geschwader führte sie vor. Sie wirkte sensationell: Zum erstenmal sollten deutsche Soldaten zur Uniform Schlips und Kragen tragen.

Am 1. März fiel die Tarnung: Ein Erlaß Hitlers vom 26. Februar 1935 verkündete offiziell das Bestehen der deutschen Luftwaffe. Adolf Galland, nunmehr vom Verkehrsflieger zum Luftwaffenleutnant geworden, kam im April zum Jagdgeschwader 2, das den Traditionsnamen »Richthofen« verliehen bekam. In Jüterbog-Damm half er mit, die II. Gruppe aufzustellen. Unterkünfte, Straßen und Platzanlagen waren erst halbfertig. Doch geflogen wurde die nagelneue He 51, während die I. Gruppe sich mit der älteren Arado 65 abmühte. Durch Umorganisation vergrößerte sich die aus der Gruppe Döberitz entstandene Gruppe Jüterbog-Damm: Sie stellte die Gruppe Bernburg auf, aus der dann die Gruppe Aibling hervorging.

Die Struktur der Luftwaffe begann sich bald abzuzeichnen:

Das RLM blieb oberste Verwaltungsbehörde der Luftfahrt und war nun auch oberste Kommandobehörde der Luftwaffe. An der Spitze stand Hermann Göring als Reichsluftfahrtminister und Oberbefehlshaber der Luftwaffe.

Nach dem Stand vom August 1939 war Görings Stellvertreter der »Staatssekretär der Luftfahrt und Generalinspekteur der Luftwaffe«, Erhard Milch. Göring direkt unterstellt waren außerdem der »Chef des Generalstabes«, der »Chef des Ministeramtes« und der »Präsident der Luftwaffenkommission« sowie die Luftkriegsakademie mit angegliederter wissenschaftlicher Abteilung. Milch waren zahlreiche Dienststellen unterstellt, etwa der Chef der Luftwehr, der Generalluftzeugmeister, der Chef des Ausbildungswesens, der Chef der Zentralabteilung. Taktisch war die Luftwaffe in Luftflottenkommandos und Luftwaffenkommandos eingeteilt.

Jedes Luftflottenkommando war eine kleine Luftwaffe für sich – in ihm waren alle Gattungen der Fliegertruppe vertreten, nicht aber Heeres- und Marineflieger, Flak und Luftnachrichtenverbände. Diese Gliederung unterschied sich grundsätzlich von der der Royal Air Force: Dort gab es das »Bomber-Kommando« und das »Jäger-Kommando«. Sollte die Luftwaffe mit Bombern einen Schwerpunkt bilden – etwa bei der Luftschlacht um England –, mußten erst aus allen Luftflottenkommandos die Kampffliegerverbände herausgezogen und dann einem gemeinsamen Kommando unterstellt werden.

Die eigentliche Fliegertruppe war noch einmal in sieben Fliegerdivisionen unterteilt, die meist zu zweit den Luftflotten untergeordnet waren. Hinzu kam

noch die »Luftwaffen-Lehr-Division«. Territorial war die Luftwaffe in zehn Luftgau-Kommandos untergliedert.
Eine eigenständige Waffengattung bildete die Fallschirmtruppe, zu Kriegsbeginn in der 7. Fliegerdivision zusammengefaßt.
Die Flak-Artillerie – gegliedert in Batterien, Abteilungen und Regimenter, später sogar in Flak-Brigaden und Flak-Korps – war zu Kriegsbeginn den Luftgaukommandos unterstellt. Sie wurde in wenigen Jahren zu enormer Größe ausgebaut. Bereits 1939 verfügte sie über 650 Batterien mit etwa 2600 Kanonen 8,8 und 10,5 cm, 560 leichte Batterien mit 6700 Kanonen der Kaliber 2 und 3,7 cm. Hinzu kamen noch 3000 Scheinwerfer.
Ähnlich rasch entwickelte sich aus winzigen Stäben die Luftnachrichtentruppe, gegliedert in Kompanien, Abteilungen und Regimenter. Es gab Funk-, Fernsprech-, Fernschreib- und Peileinheiten. Das Ausland blickte fasziniert auf das immens schnelle Anwachsen der Luftwaffe und rätselte über die Zahl der einsatzfähigen Flugzeuge. Allgemein galt die Vermutung, daß in Deutschland monatlich 1000 Flugzeuge produziert würden.
Die Propaganda des Dritten Reiches sah derartige Überschätzungen nur zu gern – nach Angaben von Werner Baumbach hat die deutsche Flugzeugindustrie im ganzen Jahr 1939 jedoch nur 2518 Flugzeuge produziert. Bei Kriegsausbruch jedenfalls waren – nach amtlichen Angaben – 4333 Flugzeuge, darunter 1180 Bomber und 336 Stukas, vorhanden.
Im Herbst 1939 besaß die Luftwaffe kaum noch veraltetes Flugzeugmaterial an der Front, wenn man von einer mit Ju 86 ausgerüsteten Kampfgruppe und einer mit der alten Arado 68 ausgestatteten Jagdgruppe absieht.
Der Standardjäger bei Kriegsausbruch war die berühmte, schnelle Me 109 E, die jedoch nur eine Flugzeit von 80 Minuten hatte – viel zuwenig, um Begleitschutz für Bomber zu fliegen.
Als Begleitjäger für Bomberverbände war dagegen die zweimotorige und zweisitzige Me 110 gedacht. Der nach hinten schießende Bordfunker und Schütze sollte die Wehrlosigkeit der

Die deutsche Fliegerin Hanna Reitsch (Bild links) hatte schon in den 30er Jahren zahlreiche Rekorde aufgestellt, als sie 1937 als erste Frau das Flugkapitänspatent erhielt. Anschließend wurde sie Testpilotin der Luftwaffe und erprobte zahlreiche Militärmaschinen (Bild oben: Hanna Reitsch beim ersten Hallenflug in der Geschichte der Luftfahrt mit einem Focke-Hubschrauber FW 61 in der Berliner Deutschlandhalle 1938). Bilder rechte Seite: eine Arado Ar 196 (oben) und ein Fieseler „Jungtiger" (Fi 99) mit gläserner Kabine.

Jagdeinsitzer gegen Angriffe von hinten beheben.

Als Nahaufklärer erwies sich der Hochdecker Henschel Hs 126 als gut geeignet, desgleichen auch zu Kriegsbeginn die zweimotorige Do 17 als Fernaufklärer. Ein gelungener Wurf war das Transportflugzeug Ju 52 in seiner Unverwüstlichkeit. Berühmt wegen seiner Kurzstart- und Langsamflugeigenschaften war das Verbindungsflugzeug Fieseler »Storch«. Desgleichen genügten die Bordflugzeuge der Marine den Anforderungen, anfangs auch die Flugboote als Seefernaufklärer. Schwachpunkt der Luftwaffe aber waren die Bombenflugzeuge – hier lagen auch die Ursachen vieler Kontroversen innerhalb der Luftwaffenführung.

Generalmajor Walther Wever, der erste Luftwaffen-Generalstabschef, war ein brillanter Stratege, der voller Weitblick die künftige Kriegführung unter dem Aspekt der strategischen Angriffe auf das feindliche Rüstungspotential als vordringlich erachtete. Wever forderte den viermotorigen Langstreckenbomber mit hoher Bombenlast. Junkers baute ihm die Ju 89, Dornier die Do 19 als Prototypen. Wever verunglückte jedoch im Jahre 1936 tödlich mit seiner He 70. Einige Zeit nach Wevers Tod erhielt Generalinspekteur Milch einen Anruf vom Freiherrn von Gablenz, dem Lufthansa-Chef: »Hören Sie, Milch, können wir die nicht kriegen, die Ju 89?« Milch fragte verblüfft: »Warum? Die will ich doch haben, die bauen wir.« Der Lufthansa-Direktor antwortete: »Wissen Sie denn nicht, daß die abgesetzt ist? Junkers hat Befehl, die Viermotorigen zu verschrotten.« Gablenz erhielt die Ju 89, die als Ju 90 in eine zivile Ausführung umgewandelt wurde. Milch aber rief bei Dornier an: »Was macht die Do 19?« Die Antwort: »Die ist verschrottet – wissen Sie das denn nicht?«

Es stellte sich heraus, daß der Wever-Nachfolger Jeschonnek zusammen mit ihm erklärt hatte, daß anstelle einer Viermotorigen mit dem gleichen Material zweieinhalb zweimotorige Bomber gebaut werden könnten. Es sei dann doch besser, angesichts des hohen Materialaufwandes (statt monatlich 4500 Tonnen sollten mehrere Monate

lang nur 2700 Tonnen Aluminium zur Verfügung stehen) den Bau der Langstreckenbomber aufzugeben. Göring befahl, die Viermotorigen zu verschrotten, und fuhr dann in Urlaub.
Das war eine schicksalhafte Entscheidung – es zeigte sich später, daß die Do 19 und die Ju 89 ihrer Zeit weit voraus gewesen waren. Im Ausland existierte zur gleichen Zeit nur ein Prototyp: die amerikanische Boeing B-17 »Flying Fortress«. Die Luftwaffenspitze wünschte indessen einen kleineren Bomber mit einer Nutzlast bis 1000 kg – den »Schnellbomber«. Tatsächlich war es eine Sensation, als die zweimotorige Dornier Do 17 1937 beim »Internationalen Alpenrundflug für Militärflugzeuge« schneller flog als alle anderen teilnehmenden serienmäßigen Jagdflugzeuge. Doch als die Do 17 die übliche Verteidigungsbewaffnung erhielt – MG nach vorn, nach hinten oben und nach hinten unten –, da ließ ihre Geschwindigkeit rapide nach; die Do 17 war zu einem normalen mittleren Bomber geworden.
Ähnlich verlief die Entwicklungsgeschichte der Ju 88, die auch als Schnellbomber geeignet gewesen wäre: Sie wurde neben der konventionellen Bewaffnung auch noch als Sturzbomber ausgelegt, erwies sich als leistungsfähig – doch ein Schnellbomber war sie nicht. Allein die Engländer brachten den Schnellbomber zustande – mit dem »Mosquito«, der wegen seiner hohen Geschwindigkeit auf jede Bewaffnung verzichten konnte, aber 900, später sogar 1800 kg Bomben schleppte und nur geringe Ausfälle durch Abschüsse hatte.
In der Entwicklung des Sturzkampfflugzeuges (Stuka) war allerdings die Luftwaffe führend. Der Stuka sollte mit präzisen Bombenwürfen die Bodentruppen im Kampf unmittelbar unterstützen. Die Idee hatte General Wever entwickelt, unabhängig davon aber auch der Privatflieger Ernst Udet, einst Jäger-As im Richthofen-Geschwader. Udet war auf Görings Anregung nach den USA gereist und hatte dort eine Curtiss Hawk gekauft, mit der er in Deutschland Sturzflüge demonstrierte. Ernst Udet wurde in die Luftwaffe übernommen und nach einiger Zeit zum Generalluftzeugmeister ernannt. Junkers baute die Ju 87, die als Standard-Sturzbomber in die Luftwaffe eingeführt wurde.
Sie sollte bald getestet werden: im Spanischen Bürgerkrieg. Mitte Juli 1936 bat der spanische General Franco den deutschen Reichskanzler, Adolf Hitler, ihm beim Transport seiner marokkanischen Truppen von Tetuan auf das spanische Festland zu helfen. Hitler sagte zu. Zunächst wurden mehrere Ju 52 und sechs He-51-Jäger zu ihrem Schutz nach Tetuan geschickt, dazu 270 Tonnen Geräte und Munition. Sehr bald folgten weitere 20 Ju 52, meist mit Lufthansa-Besatzungen. Am 31. Juli reisten die ersten 86 Freiwilligen der Luftwaffe per Dampfer in Zivil nach Cadiz – in Kisten verpackt lagerten sechs He 51 im Laderaum. Im August brachten die Ju 52 etwa 10 000 marokkanische Soldaten nach Spanien, und von Deutschland kamen weitere Freiwillige, meist Angehörige von Flak- und Nachrichten-Einheiten.
Dem Jagdflieger Adolf Galland fiel ohnedies auf, daß ab und zu einige Kameraden spurlos verschwanden – bald verschwand auch er: Er mußte sich in Berlin beim »Sonderstab W« melden, erhielt Zivilkleidung, Ausweise und Geld und nahm an einer seltsamen KdF-Reise (KdF = Kraft durch Freude) teil.

Ihre ersten Einsätze seit dem Ende des Ersten Weltkrieges flog die deutsche Luftwaffe mit dem sogenannten Freiwilligenverband „Legion Condor", der seit Juli 1936 auf Seiten Francos in den Spanischen Bürgerkrieg eingriff. Bild oben: Hitler und Göring beim Abschreiten einer Ehrenkompanie für gefallene Spanien-Legionäre.

Bild linke Seite: die „Schnauze" der Messerschmitt Me 109, des mit 35.000 Exemplaren meistgefertigten Jagdflugzeugs des Zweiten Weltkriegs, das bereits in Spanien zum Einsatz kam. Bild rechts: der Flugmotor BMW 132dc, eine luftgekühlte 9-Zylinder-Sternmaschine.

Am 8. Mai 1937 lud das Schiff – ein übler Seelenverkäufer – Galland und die übrige Reisegesellschaft im nationalspanischen Hafen El Ferrol aus. Galland übernahm die Stabskompanie der Jagdstaffel 88 der »Legion Condor« und später die 3. Staffel.

Das deutsche Freiwilligen-Korps in Spanien – die »Legion Condor« – sammelte Kriegserfahrungen und erprobte Waffen, Ausrüstung und Gerät: Die 8,8-cm-Flak, Funkgeräte, die Ju 87, das Jagdflugzeug Me 109 und die Do 17 wurden den Spanien-Erfahrungen gemäß verbessert. Wenig später machte die militärpolitische Lageentwicklung der Luftwaffenspitze neue Sorgen: Ein bisher nicht für möglich gehaltener Krieg gegen England mußte nunmehr ins Kalkül einbezogen werden. So beschloß 1938 das Technische Amt, nun doch einen viermotorigen Langstreckenbomber zu bauen. Er sollte jedoch – nach Weisung des Generalstabs – sturzkampffähig sein. Am 26. Oktober überredete der Generalstabschef Jeschonnek

Bild oben: Heinkel Kampfflugzeug He 111, der Standardbomber der deutschen Luftwaffe im Zweiten Weltkrieg. Bild rechts: Hermann Göring mit Hitler auf einem deutschen Fliegerhorst. Pour-le-mérite-Träger Göring, im Ersten Weltkrieg Kampfflieger im Jagdgeschwader Richthofen, wurde 1934 zum Oberbefehlshaber der Luftwaffe ernannt. Im Juli 1940 mit dem auf ihn persönlich zugeschnittenen Titel „Reichsmarschall" belegt, war er der unangefochten

zweite Mann des Dritten Reiches. Im Zweiten Weltkrieg erlitt Görings militärischer Nimbus nach der ebenso triumphalen wie kurzen Phase der „Blitzkriege" durch die Niederlage in der Luftschlacht um England erste Einbußen; vollends verloren ging sein Renommee durch sein großspuriges Versprechen (mit dem bekannten Resultat), die 1942/43 in Stalingrad eingeschlossene 6. Armee aus der Luft versorgen zu können.

– der die Verschrottung der ersten Langstreckenbomber durchgedrückt hatte – Hermann Göring, so viele Maschinen des neuen Viermotorigen als nur möglich in Auftrag zu geben, mindestens aber 500 Stück. Der neue Bomber war die He 177.

Der kommende Krieg zeichnete sich bereits immer deutlicher ab. Unmittelbar vor seinem Ausbruch wurde die junge Luftwaffe von ihrer größten Katastrophe in Friedenszeiten heimgesucht: Hauptmann Walter Sigel, Kommandeur der I. Gruppe des Stukageschwaders 76, sollte von Cottbus aus den schlesischen Truppenübungsplatz Neuhammer anfliegen und vor hohen Offizieren einen Stukaangriff vorführen. Kurz vor dem Start meldete die Wettererkundungsstaffel: »... Wolkenhöhe 2000 m, Wolkenuntergrenze bei 900 m, darunter gute Bodensicht.« Die Stukagruppe startete und näherte sich um 6 Uhr morgens, am 15. August, dem Zielgebiet. Der Verband kippte mit allen Maschinen aus 4000 m Höhe zum Sturzflug ab und stürzte sich in die Wolkenbank hinein. Als der Kommandeur endlich wieder Bodensicht gewann, war er nur noch 100 m hoch. Hauptmann Sigel riß den Steuerknüppel an sich und schrie ins Funkgerät: »Ziehen, ziehen! Bodennebel!« – dann raste seine Maschine dicht über dem Erdboden auf einen Wald zu, jagte durch eine Schneise und gewann wieder Höhe. Doch die ganze 2. Staffel rammte mit neun Stukas in den Boden, vier Maschinen der 3. Staffel überzogen ihre Maschinen und krachten rückwärts in den Wald. Die 1., zuletzt stürzende Staffel konnte noch auf die verzweifelten Funkrufe des Kommandeurs reagieren und stieß nach oben durch. Da sahen die Besatzungen der 1. Staffel, wie brauner Qualm durch die Wolken quoll – 26 junge Flieger waren tot. Bei einer Kriegsgerichtsverhandlung wurde kein Schuldspruch gefällt: Der Bodennebel war erst kurz vor dem Sturz aufgezogen.

Luftschlacht um England

Man nennt sie die »Luftschlacht um England« oder »Battle of Britain«. Aber der Name sagt wenig. Tatsächlich gibt es keine Bezeichnung, die der unübersichtlichen, improvisierten, planlosen, erbitterten, von tausend Schrecken, zehntausend Luftkämpfen und hunderttausend Bombenabwürfen gekennzeichneten Luftschlacht zwischen Deutschen und Engländern in der Zeit vom August 1940 bis Mai 1941 gerecht werden könnte. Die deutsche Luftoffensive gegen die britische Insel – hundertfach verklärt und kritisiert – eignet sich einfach nicht zum Schlachtengemälde.

Die Deutschen begannen sie halbherzig und ohne klare Zielgebung. Sie wollten die Royal Air Force ausschalten, die geplante Invasion der Britischen Insel vorbereiten, England politisch zum Nachgeben zwingen, sich für die britischen Luftangriffe auf deutsche Städte rächen – und das alles teils gleichzeitig, teils nacheinander.

Für die Engländer dagegen hatte dieser erstmals in der Geschichte nur am Himmel und nur aus der Luft geführte Feldzug von Anfang an die heiligen Qualitäten eines Kreuzzuges: Von seinem Ausgang, von Triumph oder Desaster, hing für sie der Fortbestand ihres Lebens, ihres Landes, des Empire, ihrer Kultur und ihrer Ehre ab. Winston Churchill, Englands wortgewaltigen Kriegs-Premier, inspirierte die »Battle of Britain« sogar zu seinem berühmtesten und meistzitierten Ausspruch (neben der »Blut, Schweiß und Tränen«-Parole): »Niemals in der Geschichte menschlicher Kämpfe sind so viele so wenigen so sehr verpflichtet gewesen!«

Mit den »wenigen« meinte er die Jagdflieger der Royal Air Force, alles in allem vielleicht 800 Piloten, die seither die Heldenloge der britischen Geschichte besetzt halten.

Selbst das Ende der Luftschlacht war typisch: Die Engländer feierten sie mit Reden, Paraden, Gedenkstunden, Ordensverleihungen und Formationsflügen. Die Deutschen dagegen, die schon zum Sprung nach Rußland hinein ansetzten, ignorierten sie einfach – so, als hätte es diese gewaltige, vielleicht sogar kriegsentscheidende »Luftschlacht um England« nicht gegeben. Die erste Niederlage der scheinbar unbesiegbaren Wehrmacht im Zweiten Weltkrieg schien schon wenige Monate nach den letzten Luftkämpfen völlig vergessen.

Der Epilog Adolf Gallands, zwölf Jahre später niedergeschrieben, sagt alles: »Die Schlacht um England ging sang- und klanglos zu Ende...«

Die Entscheidung der deutschen Führung, England aus der Luft sturmreif zu schießen, war kurz nach dem Sieg in Frankreich gefallen. Damals stand Großdeutschland auf dem absoluten Gipfel seiner Macht. Das »Unternehmen Seelöwe«, die Landung deutscher

Nach der Weigerung Londons, den nach dem Zusammenbruch Frankreichs im Juni 1940 nach Hitlers Ansicht „sinnlos gewordenen Kampf" aufzugeben, gab Hitler mit Weisung Nr. 16 das Unternehmen „Seelöwe" für eine Invasion in England in Auftrag, das allerdings nur unter einem sicheren Luftschirm durchführbar war. Dafür wollte Göring in der „Luftschlacht um England" sorgen.

Bild linke Seite: Bedienungsmannschaft macht eine He 111 startklar. Bild rechts: Dank des Radarschirms an der englischen Kanalküste konnten die deutschen Bomberformationen schon nach ihren Starts in Frankreich ausgemacht und entsprechend effektiv bekämpft werden.

Truppen über See und durch die Luft auf der Insel, war in Vorbereitung. Aber vorher mußte die Royal Air Force ausgeschaltet werden – und zwar um jeden Preis! Denn: Ohne Luftschirm konnte die gefürchtete Royal Navy, die britische Kriegsmarine, nicht im Kanal operieren. Dafür würden die deutschen Stukas mit ihren Punktangriffen schon sorgen!

Umgekehrt: Sollten die Kreuzer und Zerstörer Ihrer Majestät doch im Ärmelkanal operieren können, dann würde es keinen Sprung nach England geben. Die schwache deutsche Kriegsmarine jedenfalls war nicht in der Lage, die aus Schleppern, Flußkähnen, Yachten, Raddampfern und Barken zusammengestoppelte Invasions-Armada zu schützen.

Der »Seelöwe« brauchte also die deutsche Luftherrschaft oder zumindest eine klare Luftüberlegenheit über dem Kanal und Südengland, wenn er schwimmen wollte.

Die Schlüsselfrage lautete nur: Mit welcher Taktik konnte die RAF am Boden und in der Luft geschwächt, vernichtet und schließlich ganz ausgeschaltet werden?

Und da gab es auf deutscher Seite gefährlich viel Ratlosigkeit!

Beispiel Nr. 1: Bis Kriegsausbruch war im Luftwaffengeneralstab kein einziges operatives Planspiel für einen Luftkrieg gegen Großbritannien durchgespielt worden.

Beispiel Nr. 2: Im Juli 1939 hatte der Oberstleutnant i.G. Schmid, Leiter der Abteilung »Fremde Luftmächte« im Luftfahrtministerium in Berlin, seinem Oberbefehlshaber, Göring, in einer Studie eröffnet: Eine Kapitulation Großbritanniens ist durch Luftangriffe allein nicht zu erreichen. Die Engländer können nur durch eine Besetzung ihrer Insel durch deutsche Heeresverbände ausgeschaltet werden.

Beispiel Nr. 3: Mangels vorbereiteter Pläne mußte Göring im Juli 1940 den Stäben seiner Luftflotten und Fliegerkorps befehlen, überstürzt Vorschläge für geeignete Angriffsverfahren gegen Ziele in Großbritannien auszuarbeiten und vorzulegen.

Und so gingen die Deutschen ohne sorgfältige Planung, dafür aber mit tausend

Herstellung voller Einsatzbereitschaft

Weisung des Oberbefehlshabers der Luftwaffe für den Kampf gegen England, 30.6.1940

Die Kampfführung der Luftwaffe gegen England macht es erforderlich, den Einsatz der Lfl. 2, 3 und 5 in zeitlicher Hinsicht wie auch bezüglich der Wahl der anzugreifenden Zielgruppen in schärfster Form in Übereinstimmung zu bringen. Die Auftragserteilung an die Luftflotten wird daher in der Regel feste Bindungen an bestimmte Ziele und Angriffszeiten vorsehen, damit neben einer tatsächlichen Wirkung auf die jeweils wichtigsten Ziele die gut entwickelte Abwehr des Gegners zersplittert und vor möglichst verschiedenartige Aufgaben gestellt wird.

Nach Durchführung des Aufmarsches der Verbände in ihren neuen Einsatzräumen, nach Sicherstellung ausreichenden Flak- und Jagdschutzes, laufender Versorgung und einwandfreier Befehlsübermittlung wird eine planmäßige Bekämpfung gegen solche Zielgruppen einsetzen, die Ob. d. L. der Gesamtlage entsprechend befehlen wird.

Bis zu diesem Zeitpunkt ist neben der Herstellung der vollen Einsatzbereitschaft der Verbände

a) die Kampfführung gegen England zu beschränken auf Störungsangriffe gegen Industrie- und Luftwaffenziele mit schwächeren Kräften. Die Angriffe sind bei geeigneter Wetterlage, die Überraschung ermöglicht, auch bei Tage einzeln oder in Rotten zu führen.

Genaueres Studium des Objektes und seiner Umgebung an Hand der Karte und der Zielunterlagen ist für den Erfolg Vorbedingung. Hierbei ist anzustreben, daß größere Verluste der Zivilbevölkerung vorerst vermieden werden;

b) durch Aufklärung und Einsatz kleinerer Kampfeinheiten eine planmäßige Einweisung der Besatzungen in ihre Kampfräume vorzusehen und hierbei Stärke und Gruppierung der feindlichen Abwehr zu erkunden.

1. Zielsetzung

Der Einsatz der Luftwaffe nach Durchführung des Aufmarsches und der vollen Einsatzbereitschaft hat zum Ziel:

a) durch Kampf gegen die feindliche Luftwaffe, ihre Bodenorganisation und die Luftwaffenindustrie die Voraussetzungen zu schaffen für eine wirksame Kampfführung gegen feindliche Einfuhr und Versorgung und Wehrwirtschaft und damit für den Schutz des deutschen Lebensraumes;

b) durch Kampf gegen Einfuhrhäfen und deren Einrichtungen, Einfuhrtransporte und Kriegsschiffe die englische Versorgung zu zerschlagen.

Beide Aufgaben werden nicht in getrennten Abschnitten, sondern nebeneinander gelöst werden müssen.

Solange die feindliche Luftwaffe nicht zerschlagen ist, ist es oberster Grundsatz der Luftkriegführung, die feindlichen Fliegerverbände bei jeder sich bietenden Gelegenheit, bei Tag und bei Nacht, in der Luft und am Boden, anzugreifen, ohne Rücksicht auf anderweitige Aufträge.

Die „Führer-Weisung“ Nr. 17 vom 1. August 1940 sprach Klartext: „Die deutsche Fliegertruppe hat mit allen zur Verfügung stehenden Kräften die englische Luftwaffe möglichst bald niederzukämpfen.“ Das war aber leichter gesagt als getan. Die Engländer waren nämlich ihrerseits ebenso entschlossen, die deutsche Luftwaffe möglichst bald niederzukämpfen.

Bild linke Seite: „Luftschlachtenlenker“ Göring nimmt den Bericht einer vom Feindflug zurückgekehrten Besatzung entgegen. Bild oben: Luftkampf über England zwischen einer Me 109 und einer „Spitfire“. Bild unten: Einsatz-Alarm auf einem deutschen Fliegerhorst an der französischen Kanalküste.

Improvisationen in jene Schlacht, die – wie man damals glaubte – den Krieg entscheiden würde.
Wie stark war die Rüstung der Gegner? Die Zahlen schwanken. Man kann jedoch davon ausgehen, daß die Deutschen Anfang August 1940 über rund 1000 Bomber, 870 Jäger, 330 einmotorige Stukas und 270 zweimotorige Zerstörer verfügten. Allerdings: Die Zahl der einsatzbereiten Maschinen lag um rund ein Drittel niedriger.
Soviel aber war klar: Die Luftschlacht würde im Duell Jäger gegen Jäger entschieden werden! Und da hatten die Engländer die Nase vorn: Rund 700 startbereiten RAF-Jagdflugzeugen standen knapp 600 deutsche einmotorige Jäger gegenüber!
Der erste Versuch der Kriegsgeschichte, einen Gegner nur durch Luftangriffe zu erledigen, kann grob in zwei Hauptphasen eingeteilt werden:
Hauptphase I:
13.8. bis 23.8.1940: Deutsche Luftangriffe auf küstennahe Ziele in Südengland, vor allem gegen die feindliche Jagdwaffe, gegen Flugplätze und Werke der Flugzeugindustrie.
24.8. bis 6.9.1940: Erweiterung der Angriffsflüge bis in den Großraum London.
Hauptphase II:
7.9. bis 19.9.1940: Tag- und Nachtangriffe gegen Ziele im Raum London.
20.9. bis 13.11.1940: Deutsche Jagdbomberangriffe am Tag und Nachtbomber-Attacken mit dem Schwerpunkt London.
14.11.1940 bis Mai 1941: Nachtangriffe gegen viele Ziele in ganz England.
Phase I galt in erster Linie der Erringung der Luftherrschaft über Südengland. Nachdem dieses Ziel nicht erreicht worden war, warf Göring seine Geschwader in der Hauptphase II vor allem gegen das Wirtschaftspotential des Feindes und versuchte gleichzeitig, die Moral der englischen Zivilbevölkerung zu zerstören.
Sehen wir uns einige Höhepunkte der Luftoffensive an:
Am 13. August 1930 schickt Göring insgesamt rund 1000 Jäger und 485 Bomber (bei mehrfachen Feindflügen vieler Maschinen an diesem Tag) über den Kanal. Hauptziel sind neun Luftstützpunkte der Engländer. 34 deutsche Flugzeuge gehen verloren.

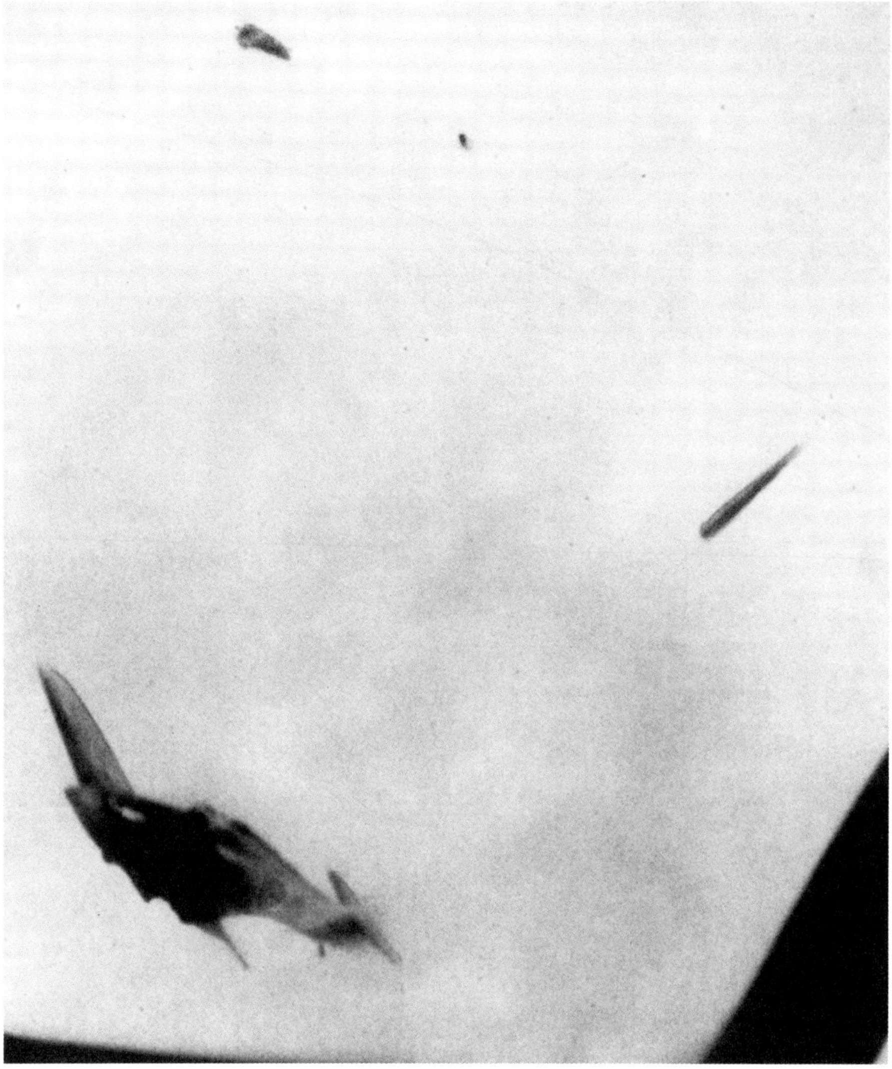

Am 15. August werden – absolute Spitze! – sogar 1786 Einsätze geflogen.
Am 16. August unterläuft ein Verband Ju 87 des Stuka-Geschwaders 2 das äußerst wirksame britische Radar-Frühwarnsystem und verwandelt den Jagdfliegerstützpunkt Tangmere in eine feuerspeiende Hölle. Die britischen Hurricanes werfen sich zwar in einen Alarmstart, können die aus der Sonne herabstürzende »Stuka-Kaskade« jedoch nicht mehr abfangen.
Die Briten sprechen später von einem »Angriff wie nach dem Lehrbuch«! Ihr Glück ist, daß den Deutschen – vor allem wegen des britischen Radars und der teilweise miserablen Leistungen der eigenen Feindaufklärung – nur zwei oder drei solcher »Lehrbuchangriffe« glücken...
Bereits am 19. August muß Göring die Kommodores seiner Jagdgeschwader zusammentrommeln. Die Bilanz, die er vorlegt, ist katastrophal:
1. Die britische Jagdwaffe konnte nicht ausgeschaltet werden, vor allem, weil sich die britischen Spitfires und Hurricanes den deutschen Jägern nicht, wie erwartet, zum Kampf stellten, sondern sich geschickt auf die deutschen Bomber konzentrierten.
2. Die Luftangriffe gegen die britischen Jägerstützpunkte waren größtenteils ein Schlag ins Wasser.
3. Die eigenen Bomberverluste waren ungeheuer hoch.
4. Die Personalverluste der Luftwaffe waren es nicht weniger. Innerhalb von nur zehn Tagen fielen ein Geschwaderkommodore, zwei Fliegerkorps-Stabschefs, sechs Gruppenkommandeure, 13 Staffelkapitäne und 114 weitere

In der Luftschlacht um England ging es für die Briten um „Sein oder Nichtsein". Es gab englische Piloten, die in den entscheidenden Wochen des Sommers 1940 zwanzig und mehr Einsätze am Tag flogen, die abgeschossen wurden, mit dem Fallschirm landeten, sich zum nächsten Flugplatz bringen ließen und mit einer neuen Maschine wieder aufstiegen.

Bild linke Seite: Einer englischen „Hurricane" wurde die linke Tragfläche abgeschossen. Der Pilot ist mit dem Fallschirm ausgestiegen. Bild oben: Alarmstart eines britischen „Spitfire"-Geschwaders. Bilder rechts: die strategischen Gegenspieler in der Luftschlacht um England; links Air Officer Commanding-in-chief Sir Hugh Dowding; rechts General der Flieger Hans Jeschonnek, Chef des Generalstabes der Luftwaffe.

Offiziere des fliegenden Personals aus. Und dann donnert Göring los! Der Jagdflieger des Ersten Weltkrieges, der letzte Kommandeur des berühmten Richthofen-Geschwaders, wirft den Jagdfliegern seiner Luftwaffe vor: »Ihr tragt die Schuld an diesem Fiasko! Ihr habt die Bomber nicht ausreichend geschützt! Ihr seid an den Bomberverbänden nicht drangeblieben! Ihr habt euch stattdessen selbständig gemacht und einen eigenen Luftkrieg geführt, um möglichst viele Abschüsse auf euer persönliches Konto verbuchen zu können!«

Es ist die erste von vielen – und fast immer unberechtigten – Anklagen, die Göring im Verlauf des Krieges gegen seine berühmten Jagdflieger erheben sollte.

Die ersten Köpfe rollen: Die alten Geschwader-Kommodores, die Männer mit der Weltkrieg-I-Erfahrung und dem Pour le mérite am Hals, werden abgelöst. Die »Jung-Türken« kommen: Männer wie Günther »Franzl« Lützow, der vier Jahre später von seinem Reichsmarschall aus dem Reiche verbannt werden und in den letzten Kriegsstunden auf dem Düsenjäger Me 262 ein geheimnisvolles Ende finden wird; Hannes Trautloft, der später wegen seiner schonungslos offenen Sprache der Luftwaffenführung ebenfalls zu unbequem werden soll; Wolfgang Schellmann, der gleich zu Beginn des Rußlandfeldzuges abgeschossen und in einem Folterkeller der sowjetischen Geheimpolizei GPU sein Ende finden wird. Es sind die Jagdflieger der »Legion Condor«, die Soldaten mit der Spanien-Erfahrung, die Repräsentanten einer Jägergeneration, die anders denkt und kämpft als die alten Hasen aus dem großen Krieg der Jahre 1914 bis 1918 mit ihren überholten Vorstellungen.

Die Luftoffensive geht weiter: Am 7. September 1940 ist die Hauptstadt London zum erstenmal an der Reihe: 625 deutsche Bomber und 648 Jäger sind an diesem Tage über England.

Am 15. September toben am Himmel über der Metropole des Empire erbitterte Luftschlachten: 56 deutsche und 26 britische Flugzeuge gehen für immer in die Tiefe. Noch heute feiern die Briten dieses Datum alljährlich als den Tag der »Battle of Britain«.

Am 20. September erscheinen erstmals deutsche Jagdflugzeuge über der Inselfestung, die nicht Jagd auf die Flieger von der anderen Seite machen, sondern statt dessen 250-Kilogramm-Bomben abwerfen. Die Briten werden von diesem Taktikwechsel völlig überrascht. Aber sind die deutschen Jabo-Attacken nicht das Eingeständis, daß Göring seine Bomberverluste nicht länger durchhalten kann? Können die Nadelstiche der ersten Jagdbomber der Luftkriegsgeschichte wirklich die Hammerschläge der Bombenflugzeuge ersetzen?

Englands Mauern brechen — das Jagdfliegerkommando der RAF bricht nicht: Die Deutschen müssen sich jetzt in den Schutz der Nacht zurückziehen! Längst ist der »Seelöwe« gestorben, hat Hitler seine Aufmerksamkeit von der Insel ab- und der Sowjetunion zugewandt.

65 Nächte lang schlagen in London

Am 13. August 1940, dem sogenannten Adlertag, startete die Luftwaffe mit 2355 Maschinen den ersten Großangriff auf England. Insbesondere für die Londoner kam eine Zeit harter Prüfungen. Tag um Tag und Nacht um Nacht wurde die britische Hauptstadt bombardiert. Bilde oben: eine He 111 über London und dem großen Themsebogen;

Bilder rechte Seite: Verwüstungen in der City nach einem Luftangriff (unten); Bombenangriff auf Tanklager an der unteren Themse (oben). Auf dem Bild kann man deutlich die wie weiße Pilze wirkenden Öltanks und die schwarzen Rauchwolken ausbrennender Behälter erkennen.

deutsche Spreng- und Brandbomben ein. In der Nacht vom 14. auf den 15. November 1940 wird das Rüstungszentrum Coventry vernichtend getroffen. Birmingham, Southampton, Manchester, Liverpool-Birkenhead folgen. Und immer wieder London!

Am 10./11. Mai 1941 erfolgt der letzte von 38 Großangriffen auf London – der letzte und der zerstörerischste: 507 deutsche Bomber werfen 700 Tonnen Sprengbomben und 2400 Brandschüttkästen ab; 2000 Brände entstehen; es gibt 1200 Tote und 1800 Verletzte!

Danach fällt der Vorhang über der Bühne der Luftschlacht um England. Auf der Insel und im Kanal verrotten die Wracks zahlloser Spitfires und Me 109, Hurricanes und He 111. Die Luftwaffe ist ausgebrannt: Allein in der Zeit zwischen dem 10. Juli und dem 31. Oktober 1940 hatte sie 1733 Einsatzflugzeuge verloren. Die britische Propaganda hatte daraus 2689 Abschüsse gemacht, während Berlin nur 896 Verluste zugab. Das Jagdflieger-Kommando der RAF ist um 915 Maschinen ärmer geworden. Am 31. März 1941 macht das Personalamt der Luftwaffe für Göring eine weitere, weitaus katastrophalere Rechnung auf: Aus den Reihen des fliegenden Personals sind 2 000 Mann für immer abgetreten. 1300 Flieger fallen als Verwundete vorübergehend oder ganz aus. Auf einen verlorengegangenen deutschen Jäger entfallen zwei abgeschossene Bomber — eine Statistik, die allein schon deutlich macht, warum der Bombenkrieg gegen England zum Scheitern verurteilt war.

Geplant und befehligt — aber auch gewonnen und verloren! — wurde die Luftschlacht um England in den Hauptquartieren der feindlichen Luftwaffen: Von Göring und seinem Generalstab sowie von den Feldmarschällen Kesselring und Sperrle, die die Luftflotten 2 und 3 am Kanal kommandierten, von Vizeluftmarschall Dowding, dem Chef des britischen Jagdfliegerkommandos und seinen Gruppen-Befehlshabern Keith Park und Leigh-Mallory, die sich nie über die beste Einsatztaktik einigen konnten.

In Erinnerung geblieben als die wahren Repräsentanten jener großen Schlacht am Himmel über England sind jedoch

die Jagdflieger und ihre Maschinen. Die Geschichte hat sie unsterblich gemacht: Mölders, Galland und Wick und ihre Me 109; »Sailor« Malan, Stanford Tuck und Douglas Bader und ihre Spitfires und Hurricanes. Jäger und Jagdflugzeuge – diese Namen beweisen es! – haben das Gesicht der Luftschlacht geprägt und sie auch entschieden:
Auf deutscher Seite erwies sich das Jagdflugzeug Me 109 von Messerschmitt als das Flugzeug der Flugzeuge. Mit einem 1100 PS-Motor erreichte es eine Spitzengeschwindigkeit von 570 bis 585 km. Es war schneller als seine britischen Gegner und konnte sie im Steigflug und im Sturz überholen. Seine Bewaffnung (zwei bis drei 20-mm-Kanonen und zwei MGs) war gefährlicher als die der Briten. Die überlegene deutsche Taktik, die auf aufgelockerten Verbänden und der revolutionären Vier-Finger-Formation des Schwarms basierte, erwies sich als weiteres Plus.
Das entscheidende Handicap der Me 109, die geringe operative Flugdauer von rund 75 Minuten, sollte die deutschen Bomber jedoch entsetzlich viel Blut kosten: Görings Begleitjäger konnten nur fünf bis 15 Minuten über dem Angriffsziel London bleiben. Dann mußten sie ihre bombentragenden Schützlinge verlassen.
Als As der Asse der Briten erwies sich die Spitfire. Sie konnte die Me 109 jederzeit glatt auskurven. Ihre Bewaffnung von acht Maschinengewehren (160 Schuß pro Sekunde) wirkte wie eine Schrotgarbe. Auch Jagdflieger, die keine Scharfschützen waren, konnten treffen! Auch die Hurricane verfügte über die für die deutschen Bomber so tödliche Bewaffnung von acht MGs. Auch sie kurvte enger als die Me 109. In der Spitzengeschwindigkeit war sie ihrem deutschen Gegner jedoch um rund 100 km/h unterlegen.
Im Gegensatz zu den Deutschen verfügten die »Tommys« über keine gepanzerten Tanks. Dafür stand hinter ihnen das beste Frühwarnsystem der Welt. Aufgrund der präzisen Angaben ihrer Radarstationen konnten die britischen Jäger fast immer rechtzeitig und am gewünschten Ort auf die deutschen Verbände angesetzt werden. Die deutschen Jäger dagegen mußten – wegen

Je mehr „Heinkels" die „Spitfires" vom Himmel holten, desto notwendiger wurde die Deckung der Bombergeschwader durch deutsche Jäger. Die Messerschmitt-Piloten bekamen es dabei mit Gegnern zu tun, die sich der deutschen Übermacht mit verbissener Zähigkeit zu erwehren wußten. Bilder oben: eine deutsche Me 109 verfolgt eine britische „Spitfire"; eine abgeschossene Me 110 versinkt im Kanal. Deutlich sind die beiden Piloten, links und rechts vom Rumpf im Wasser schwimmend, zu erkennen. Bilder rechte Seite von oben nach unten: Pilot und Ausgucker in einer He 111; eine vom rechten „Kettenhund" aus fotografierte He 111; eine Formation Do 17 im englischen Flakfeuer.

ihrer miserablen Funkausstattung! – auf jede Bodenführung während der Schlacht verzichten.

Über nicht weniger als vier deutsche Standard-Flugzeugtypen wurde in der Luftschlacht um England das Todesurteil gesprochen:

Der zweimotorige Zerstörer und Langstreckenjäger Me 110, der Görings sogenannte Elite-Verbände ausmachte, war den Spitfires und Hurricanes an Geschwindigkeit und Beweglichkeit weitaus unterlegen. Me 110 fielen serienweise vom Himmel. Schließlich mußten einmotorige Me 109 – eine bittere Ironie! – ihre zweimotorigen Jägerkollegen eskortieren.

Auch der berühmte »Stuka« Ju 87, strahlender Sieger der Feldzüge in Polen und Frankreich, erwies sich gegenüber den RAF-Jägern als eine hilflose »sitzende Ente«. Nach einer katastrophalen Niederlage am 18. August 1940 verschwanden dic Stukas völlig von der Bühne der Luftschlacht.

Die zweimotorigen mittleren Bomber He 111 und Do 17 litten ebenfalls entsetzlich: Ihre Bewaffnung war zu schwach, eine Panzerung gab es nicht. Auch die Bombenlast von 1000 bis 1500 Kilogramm entsprach nicht den Maßstäben eines strategischen Bombenkrieges. Das Versäumnis, einen schweren viermotorigen Bomber zu entwickeln, rächte sich furchtbar.

Doch nicht die Maschinen, sondern die Männer haben die Schlüsselrolle in der Luftschlacht um England gespielt. Auf deutscher Seite erntete das Dreigestirn Mölders-Galland-Wick das Gros der Lorbeeren:

Werner Mölders, der den Frankreich-Feldzug mit 25 Luftsiegen beendet hatte, kommandierte ab Juli 1940, mit 27 Jahren, das Jagdgeschwader 51 an der Kanalfront.

Mölders galt bereits damals als der Mentor und Organisator der deutschen Jagdwaffe. Er starb als erster General der Jagdflieger am 22. November 1941 auf dem Weg zum Staatsbegräbnis Udets bei einem Flugzeugabsturz in der Nähe von Breslau. Er war in insgesamt 101 Luftkämpfen Sieger geblieben.

Adolf Galland, der im August 1940 das berühmte Jagdgeschwader 26 »Schlageter« übernahm, war aus anderem Holz geschnitzt: Er war der Prototyp des Kämpfers und »Schießers«. Er nahm jeden Kampf an – daß er überlebte, darf wohl als ein Wunder bezeichnet werden. Selbst am Himmel über England rauchte er im Cockpit seiner Me 109 seine berühmten schwarzen Zigarren. Galland war knochenhart nach oben und nach unten: Als ihm Göring einmal die Erfüllung eines Wunsches anbot, bellte der Jagdflieger-Star: »Ich bitte um die Ausrüstung meines Geschwaders mit Spitfires.«

Helmut Wick, der »dritte Mann«, ist heute vergessen. Zu Unrecht! Als er am 28. November 1940 in der Nähe der Insel Wight seinen 56. Gegner vom Himmel feuerte, stand er an der Spitze der Abschußliste aller deutschen Jagdflieger. Nur wenige Minuten später wurde er jedoch von dem britischen Oberleutnant John Dundas, der sich unbemerkt herangepirscht hatte, abgeschossen. Wick sprang mit dem Fallschirm ab und konnte sich wohl auch noch in sein Schlauchboot retten. Es ist jedoch von ihm nie mehr auch nur eine Spur entdeckt worden.

Der 25jährige Wick war innerhalb von drei Monaten vom Staffelkapitän bis zum Kommodore des Jagdgeschwaders 2 »Richthofen« aufgestiegen – eine unglaubliche Karriere!

Seine Aussprüche waren ebenso treffsicher wie seine Schüsse: Als der Luftflottenchef Sperrle einmal das abenteuerliche Aussehen der Flugzeugwarte des Richthofen-Geschwaders kritisierte, antwortete Wick vor einem Dutzend Zeugen:

»Herr Feldmarschall, wir kämpfen Tag für Tag gegen die Briten. Diese Männer müssen wie die Wilden arbeiten, um unsere Flugzeuge zu munitionieren, zu betanken und zu warten. Ohne sie können wir nicht kämpfen! Glauben Sie nicht, daß das wichtiger ist als ein verdammter Haarschnitt oder eine saubere Uniform?«

Sperrle fiel das Monokel aus dem Auge, aber der Feldmarschall sagte kein Wort. Auch in seiner Lebensphilosophie war Wick wohl ein Einzelgänger: »Solange ich Gegner abschießen kann zur Ehre des Jagdgeschwaders Richthofen und meines Vaterlandes, bin ich glücklich! Ich will kämpfen – und wenn meine letzte Stunde kommt, will ich kämpfend sterben und so viele Gegner wie möglich mitnehmen!«

Wick nahm sogar den Mann, der ihn besiegt hatte, noch mit in seinen Untergang: Dundas, ein RAF-As mit 14 Abschüssen, wurde wenige Sekunden nach seinem Luftsieg über den besten deutschen Jagdflieger von Wicks Rottenflieger Rudolf Pflanz tödlich abgeschossen. Pflanz wiederum ereilte das Geschick 18 Monate später über Abbeville. Eine Spitfire schickte ihn in die Tiefe – schießen und abgeschossen werden...

Aus dem Trio der RAF-Asse ragte der unglaubliche Douglas Bader heraus: Er flog seine Spitfire mit zwei Holzbeinen! In der RAF wurde er zu einer lebenden Legende. Als Bader, nach 23 Luftsiegen, im August 1941 über Frankreich abgeschossen wurde, ließ ihm Galland ein Diner servieren und setzte ihn in sein eigenes Flugzeug. Baders Herzenswunsch, mit der Me 109 einige Kurven drehen zu können, lehnte der deutsche Kommodore allerdings wohlweislich ab. Bader wäre wohl kaum wieder zurückgekommen.

Wenige Tage später warfen die Briten eine Kiste mit den Ersatzprothesen ihres Jagdfliegerstars über Gallands Feldflugplatz ab – zusammen mit einer ganzen Ladung hochexplosiver Bomben!

Robert Stanford Tuck (29 Luftsiege) galt als bester Schütze der RAF. Er schwor auf die langsame, aber unverwüstliche Hurricane. Auch ihm servierte Galland, als Tuck im Jahr 1942 von der deutschen Flak heruntergeholt wurde, ein Gala-Essen.

Der Südafrikaner Adolphus Gysbert »Sailor« Malan (35 Luftsiege) war ein großer Schütze und Taktiker in einem. Er machte das Jagdgeschwader und den Luftstützpunkt von Biggin Hill im Süden Londons zur berühmtesten Einheit und zum gefeiertsten Einsatzflughafen Großbritanniens. Wie Bader und Tuck überlebte er den Krieg.

Wie die Maschinen, so sind sich auch die Flieger in der Luftschlacht um England ebenbürtig gewesen. Die Luft-

Im Luftkrieg gegen die britische Insel lag das Operationsgebiet der Luftwaffe zu einem großen Teil über dem Ärmelkanal. Bei aller Verbissenheit, mit der die Kontrahenten kämpften, wurden doch allgemein die Regeln der Militärkonvention und des soldatischen Anstands eingehalten.

Bild links: Ein in Seenot geratener englischer Flieger wird an Bord eines deutschen Flugsicherungsbootes gezogen. Bilder rechte Seite: eine im Feindflug völlig zersiebte He 111 konnte sich noch nach Frankreich retten (oben); die Crew einer über England abgeschosenen He 111 auf dem Weg in die Gefangenschaft (unten).

Endgültige Niederringung Englands

„Führer-Weisung" des OKW für die Führung des verschärften Luft- und Seekrieges gegen England, 1.8.1940

Um die Voraussetzungen für die endgültige Niederringung Englands zu schaffen, beabsichtige ich, den Luft- und Seekrieg gegen das englische Mutterland in schärferer Form als bisher weiterzuführen.

Hierzu befehle ich folgendes:

1. Die deutsche Fliegertruppe hat mit allen zur Verfügung stehenden Kräften die englische Luftwaffe möglichst bald niederzukämpfen. Die Angriffe haben sich in erster Linie gegen die fliegenden Einheiten, ihre Bodenorganisation und Nachschubeinrichtungen, ferner gegen die Luftrüstungsindustrie einschließlich der Industrie zur Herstellung von Flakgerät zu richten.

2. Nach Erringung einer zeitlichen und örtlichen Luftüberlegenheit ist der Luftkrieg gegen die Häfen, hierbei insbesondere gegen die Einrichtungen der Lebensmittelbevorratung im Innern des Landes weiterzuführen.

Angriffe gegen die Häfen der Südküste sind mit Rücksicht auf eigene beabsichtigte Operationen in möglichst geringem Maße anzusetzen.

3. Der Kampf gegen feindliche Kriegs- und Handelsschiffe aus der Luft kann demgegenüber zurücktreten, soweit es sich nicht um besonders günstige Augenblicksziele handelt oder soweit im Rahmen der Angriffe zu Ziff. 2 zusätzliche Wirkung erzielt wird oder soweit es zur Ausbildung von Besatzungen für die weitere Kampfführung unbedingt notwendig ist.

4. Der verschärfte Luftkrieg ist so zu führen, daß die Luftwaffe zur Unterstützung von Seeoperationen auf günstige Augenblicksziele mit genügend starken Kräften jederzeit herangezogen werden kann. Außerdem muß sie für das Unternehmen »Seelöwe« kampfkräftig zur Verfügung stehen.

5. Terrorangriffe als Vergeltung behalte ich mir vor.

6. Die Verschärfung des Luftkrieges kann ab 5. August beginnen. Der genaue Zeitpunkt ist von der Luftwaffe je nach Beendigung der Vorbereitungen und je nach Wetterlage selbst zu wählen.

Der Kriegsmarine wird die vorgesehene Verschärfung der Seekriegsmaßnahmen gegen das englische Mutterland und die Nachschublinien gleichzeitig freigegeben.

Bild oben: Eine He 111 startet zum Feindflug. Bilder links: zu den unvergessenen deutschen Flieger-Assen im Zweiten Weltkrieg zählen Werner Mölders (links) und Adolf Galland (rechts). Mölders (101 Luftsiege) entwickelte die Angriffstaktik des „Vierfingerschwarms", bei dem jeder Schwarm in 2 Rotten zu je 2 Maschinen gegliedert wurde, die eine zur Angriffsführung, die andere zur Deckung. Galland (104 Luftsiege) wurde Ende 1941 als Nachfolger des bei einem Landeanflug tödlich verunglückten Mölders General der Jagdflieger.

kämpfe wurden mit gnadenloser Härte und unter Anwendung aller fliegerischen Raffinessen und taktischen Tricks ausgefochten. Die Belastung der Jagdflieger überschritt nur zu oft alle Grenzen menschlichen Durchhaltevermögens:
»Ich habe hundert Alpträume erlebt«, sagte Mölders kurz vor seinem Tod, »als die Luftschlacht zu Ende war, war ich ein alter Mann.«
Adolf Galland hat eines seiner »Alptraum«-Erlebnisse geschildert:
»Ich starte allein. Südostwärts Boulogne treffe ich auf meine I. Gruppe. Seitlich und etwas tiefer fliegt ein Spitfire-Verband. Eine der letzten Maschinen greife ich sofort an. Leider nicht die letzte! Aber die von mir beschossene Spitfire brennt und stürzt ab. Abschuß Nr. 70. Eine hübsche runde Zahl, denke ich und verfolge ihren Absturz.
Da kracht es fürchterlich in meiner Maschine. Jetzt haben sie mich erwischt! Ein harter Schlag hat meinen Kopf und rechten Arm getroffen. Meine Tragflächen sind von Kanonentreffern zerfetzt, ich sitze halb im Freien. Die rechte Rumpfseite ist aufgerissen. Tank und Kühler laufen aus. Instinktiv bin ich nach Norden weggekurvt. Ich stelle beruhigt fest, daß meine zerschossene Me mit ausgeschaltetem Motor noch leidlich fliegt. Ich will versuchen, im Gleitflug nach Hause zu kommen. Ich bin 6000 Meter hoch.
Arm und Kopf bluten. Aber ich fühle keine Schmerzen. Aus meinen Betrachtungen reißt mich eine scharfe Detonation. Der Tank, der bisher still vor sich hin gekokelt hat, ist explodiert. Sofort steht das ganze Rumpfende in hellen

London hält stand

Aus Churchills Memoiren

Wenn unsere Städte unter den Angriffen leiden sollten, so war es mir am liebsten, daß der Hauptstoß gegen London geführt wurde. London war wie ein mächtiges, prähistorisches Tier imstande, furchtbare Verletzungen und Verstümmelungen zu erleiden, aus zahllosen Wunden zu bluten und dennoch Leben und Beweglichkeit zu bewahren. Die Anderson-Schutzräume waren in den Arbeitervierteln mit den zweistöckigen Häusern verbreitet, und alles wurde getan, um sie einigermaßen wohnlich zu machen und bei nassem Wetter zu entwässern. Später verwendete man den Morrison-Schutzraum, der nichts anderes war als ein schwerer Küchentisch aus Stahl mit starken Seitenwänden aus Drahtgeflecht, wohl imstande, die Trümmer eines kleinen Hauses zu tragen, und somit einen gewissen Schutz bietend. Viele dankten ihm ihr Leben. Im übrigen – »London hielt stand«. Die Londoner hielten allem stand und hätten auch noch größerer Belastung standgehalten. Damals glaubten wir fest, daß das Ende die völlige Vernichtung der Hauptstadt sein würde. Doch, wie ich zu jener Zeit im Unterhaus betonte, gilt das Gesetz der abnehmenden Wirkung im Falle der Zerstörung großer Städte. Bald würden zahlreiche Bomben nur noch auf bereits eingestürzte Häuser fallen und nur den Schutt aufwühlen. Auf weite Strecken würde nichts mehr zu verbrennen oder zu zerstören sein, und dennoch würden menschliche Wesen da und dort ihr Heim aufschlagen und mit unendlicher Findigkeit und Standhaftigkeit ihre Arbeit fortsetzen. Zu jener Zeit wäre jedermann stolz darauf gewesen, ein Londoner zu sein. Die Bewunderung des ganzen Landes galt London.

Flammen. Brennendes Benzin dringt in die Kabine. Es wird ungemütlich heiß. Nur ein Gedanke: Raus, raus, raus! Kabinennotabwurf! Funktioniert nicht. Soll ich in der Kabine verbrennen? Ich reiße den Anschnallgurt auf, versuche, das Kabinendach aufzustemmen. Der Fahrtwind drückt dagegen. Rings um mich helle Flammen. Du mußt es schaffen! Du darfst hier nicht verbrennen! Grauenhafte Angst überfällt mich: Es sind die schrecklichsten Sekunden meines Lebens! Mit einer letzten Anstrengung stemme ich mich gegen das Dach. Da klappt es zurück und reißt im Fahrtwind ab. Hochgezogen habe ich schon. Der Stoß gegen den Steuerknüppel wirft mich jedoch nicht, wie ich hoffte, aus dem brennenden Sarg heraus. Mein Sitzfallschirm hat sich im festen Teil des Kabinendaches verklemmt!

Die ganze Maschine steht jetzt in Flammen und stürzt mit mir in die Tiefe. Mein Arm reißt am Antennenmast. Ich stoße mit den Füßen wild um mich. Vergeblich! Soll ich, schon halb befreit, doch noch verloren sein? Ich weiß nicht, wie ich schließlich losgekommen bin – plötzlich falle ich, überschlage mich mehrmals in der Luft. Beinahe hätte ich in der Erregung, statt des Fallschirmgriffes, das Schnelltrennschloß des Fallschirms betätigt. Im letzten Augenblick bemerke ich, daß ich das Schloß schon entsichert habe. Nochmals jagt mir der Schreck heiß ins Blut. Beinahe wären der Fallschirm und ich separat unten angekommen! So aber gibt es einen harten Stoß, und dann hänge ich pendelnd unter dem geöffneten Schirm. Sacht und leise schwebe ich der Erde zu ...«

Jenseits der Front erging es – beispielsweise – dem Neuseeländer »Al« Deere von der 54. Jagdstaffel kaum besser. Er stieß mit seinem Verband von sechs Spitfires über einem Geleitzug an der Ostküste Kents wie aus heiterem Himmel auf eine Staffel deutscher Me 109, die ein Rettungsflugzeug vom Typ Heinkel He 59 eskortierte. Das deutsche Seenotflugzeug wurde von den Briten sofort abgeschossen. Deere geriet mitten in den Schwarm der Me 109 hinein: »Ich schoß auf einen, flog eine gerissene Rolle, kurvte schweißgebadet, schoß und traf nicht – und sah plötzlich eine Messerschmitt, die von vorn direkt auf mich zukam. Keiner wagte auszuweichen. In diesen Sekunden erlebte ich hundert Tode. Im letzten Moment zog der Deutsche über mich hinweg – es krachte fürchterlich! Ich wurde nach vorne geschleudert, mein Motor stoppte. Im Gleitflug schaffte ich es bis Manston. Bei der Landung stand meine Spitfire plötzlich in hellen Flammen. Ich warf das Cockpitdach auf und sprang hinaus. Einige Meter neben der brennenden Maschine fiel ich zu Boden. Erschöpft und geschockt übergab ich mich. Später stellte ich fest, daß ich außer Verbrennungen an den Händen keine Verletzungen erlitten hatte – aber der Schreck hatte mich beinahe umgebracht! Wie wir später entdeckten, hatte die Messerschmitt mit ihrem Kühler meinen Propeller verbogen und mein Cockpitdach gestreift. Vielleicht hatte ein Engel seine Hand dazwischen gehabt...«

Al Deere und seine Kameraden, die England in der großen Luftschlacht gerettet hatten, wurden mit Orden, Ehrungen, Blumen und Küssen überschüttet. Der Mann jedoch, der diesen Sieg vorbereitet und – vielleicht mehr als jeder andere! – erzwungen hatte, verschwand im Dunkel der Anonymität: Air Vice Marshall Hugh Dowding, der Chef des Jagdfliegerkommandos der Royal Air Force, wurde unmittelbar nach dem Triumph abgelöst. Er erhielt weder einen Orden noch eine andere Ehrung.

Der Sieger der Luftschlacht um England hieß England. Die Royal Air Force hatte die Lufthoheit über der Insel gegen die deutsche Luftwaffe behauptet, die 1142 Bomber, 802 Jäger, 330 Zerstörer 128 Stukas und Tausende Mann Besatzung eingebüßt hatte - ein Aderlaß, der sich in den kommenden Kriegsjahren bitter bemerkbar machensollte. Trotz schwerster Bombenangriffe war auch die erhoffte Zermürbung der Zivilbevölkerung ausgeblieben (Bild rechte Seite).
Bild links oben: Winston Churchill, Kopf und Seele des britischen Widerstands gegen Deutschland.

Kampfraum Mittelmeer

Noch bevor Rommel in Nordafrika erschien, kämpfte dort schon die Luftwaffe: Die II. Gruppe des Kampfgeschwaders 26 (II./KG 26) wurde bereits Mitte Januar 1941 von Sizilien nach Bengasi verlegt. Bei der Landung auf dem unbekannten Platz stießen drei der insgesamt vierzehn He 111 zusammen und fielen aus. Drei He 111 flogen Kampfaufklärung gegen den Suezkanal und meldeten am Nachmittag des 17. Januar einen britischen Geleitzug, der von Süden her in den Kanal einlief. Nach Einbruch der Dunkelheit starteten einzeln die verbliebenen acht He 111, um den Geleitzug anzugreifen und durch möglichst viele versenkte Schiffe die Kanalrinne unpassierbar zu machen. Ein wichtiger Nachschubweg ins Mittelmeer wäre dadurch gespert gewesen.

Der Kanal — 1100 km von Bengasi entfernt — lag gerade noch innerhalb der Reichweite. Nur bei sparsamer Fliegerei war eine Rückkehr möglich. Der Geleitzug aber wurde von den Besatzungen der II./KG 26 nicht gefunden, sie griffen Ausweichziele an und kehrten um. Nur die Besatzung des Majors Harlinghausen entdeckte den Konvoi: Er ankerte im Großen Bittersee. Die im Nachtangriff geworfenen Bomben trafen nicht. Beim Rückflug geriet die Maschine in einen Sturm; die Benzinreserven waren aufgebraucht – die He 111 landete in der Wüste. Die Flieger marschierten zu Fuß durch die Wüste. Die einzige heil vom Suezkanal zurückgekehrte He 111 fand vier Tage später die halb verdurstete Besatzung des Majors Harlinghausen und rettete sie. Alle übrigen Flugzeuge der Gruppe hatten gleichfalls in der Wüste notlanden müssen — drei Besatzungen gerieten in britische Gefangenschaft. Der erste deutsche Afrika-Einsatz endete mit einem Fehlschlag.

In Nordafrika hatten die italienischen Truppen eine Kette vernichtender Niederlagen erlitten: Sie verloren die Schlacht um Bardia, büßten Tobruk ein und nun auch Bengasi. Der von Hitler wegen Polen leichtfertig begonnene Krieg hatte sich seiner Kontrolle entzogen. Ereignisse, die nicht vorauszusehen, Handlungen, die nicht in seinem Sinne waren, warfen sein Konzept über den Haufen.

Am 21. Februar 1941 entdeckte ein britisches Aufklärungsflugzeug in der libyschen Wüste ein Achtradfahrzeug, das auf keinen Fall italienischer Herkunft war: Die Deutschen waren da!Hitler hatte das Deutsche Afrika-Korps ausdrücklich als »Sperrverband« den Italienern zu Hilfe geschickt. Es war nicht – wie die Alliierten später zu er-kennen glaubten – weltumspannende Strategie, mit dem japanischen Imperialismus koordiniert, sondern Rommels ungestümer Angriffsdrang und Ehrgeiz, der deutsche Truppen in Richtung Kairo marschieren ließ.

Zum Stab des Deutschen Afrika-Korps gehörte der »Fliegerführer Afrika«, dem hauptsächlich Stukas (nie mehr als 60) und Jagdflugzeuge unterstanden. Afrika war aus deutscher Sicht zunächst ein Nebenkriegsschauplatz, die Masse der deutschen Luftwaffe am Kanal und bald in Rußland gebunden.

Rommels Offensive begann am 31. März um 9.44 Uhr: Die Aufklärungsabteilung 3 stieß auf Mersa el

Bild linke Seite: Eine Me 109 jagt über den größten Sandkasten auf Erden. Der gelbe Boden ist mit graugrünen Flecken gesprenkelt, dem kargen Gesträuch der libyschen Wüste. Das deutsche Flugzeug ist durch seinen Tarnanstrich der Landschaft ideal angepaßt.

Bild rechts: In einem deutschen Fliegerhorst in Italien wird ein Einsatz gegen die unter britischer Herrschaft stehende Mittelmeerinsel Malta besprochen, die gleich einem „unsinkbaren Flugzeugträger“ die deutsch-italienischen Nachschublinien nach Nordafrika blockiert.

Der Luftkrieg im Mittelmeer war wie der U-Boot-Krieg im Atlantik in erster Linie ein „Nachschubkrieg". Erst in zweiter Linie kam den Luftwaffen auf diesem Kriegsschauplatz zur operativen Unterstützung der Landstreitkräfte Bedeutung zu.

Bild oben: Ein Geschwader Ju 52 fliegt im Verband von deutschen Luftbasen in Sizilien aus über das Mittelmeer, um das Deutsche Afrika-Korps mit Nachschubgütern zu versorgen. Bild links: „Wüstenkriegskonferenz" der beiden Feldmarschälle Rommel und Kesselring. Bild rechte Seite: eine He 111 während eines Aufklärungsfluges über dem Mittelmeer.

Brega vor. Um 17.30 Uhr heulten zum erstenmal die Jericho-Trompeten der Ju 87 am Himmel Afrikas: Zwei Stuka-Angriffe schlugen Breschen in die britischen Stellungen. Die 8,8-cm-Flak vernichtete Artilleriestellungen in direktem Beschuß. Bei 38 Grad Hitze stürmten Panzer und Infanteristen das Tor zur Cyrenaika. Rommel marschierte sofort weiter, und seine Truppen nahmen Agedabia – der Siegeszug Rommels hatte begonnen. Es war eine präzise Zusammenarbeit zwischen den Truppen am Boden, unterstützt von schwerer Flak und den zur rechten Zeit aus dem Himmel heranheulenden Stukas.

Zur gleichen Zeit kämpften deutsche Fallschirm- und Gebirgsjäger verzweifelt und unter hohen Verlusten um die Insel Kreta, eine Krisenlage folgte der anderen. Am 26. Mai näherte sich die britische Mittelmeerflotte dem Kampfraum um Kreta – die Situation wurde äußerst bedrohlich. Da startete die in Nordafrika liegende II. Gruppe des Stukageschwaders 2 unter Major Enneccerus und stürzte sich auf die britischen Schiffe. Die 20 Ju 87 beschädigten einen Zerstörer schwer, und Stukabomben rissen das Flugdeck des einzigen britischen Flugzeugträgers im Mittelmeer, der »Formidable«, so weit auf, daß keine Jagdflugzeuge mehr starten konnten. Die britische Flotte – nun ohne Jagdschutz – mußte abdrehen. Die Stukaflieger hatten keine Verluste erlitten – der deutsche Sieg auf Kreta war gesichert, Rommels Truppen aber standen am Halfaja-Paß. England sah seine Position in Ägypten gefährdet. Der Kampf um den Nachschub entbrannte in voller Härte. Beiden kriegführenden Parteien war klar, daß der Nachschub über Sieg oder Niederlage entschied. Die Engländer mußten die Masse ihrer Versorgung um das Kap der Guten Hoffnung herum und durch den Suezkanal nach Ägypten transportieren. Der direkte Weg – durch die Straße von Gibraltar über das Mittelmeer – war von deutschen U-Booten, der italienischen Kriegsmarine und dem X. deutschen Fliegerkorps auf das höchste gefährdet. Rommel erhielt seinen Nachschub auf dem Schiffsweg von Italien aus.

Kreta war von den Deutschen besetzt. Doch die Insel Malta war die Hoffnung Großbritanniens.

Dieses 246 Quadratkilometer große Felseneiland beherrschte die 500 km breite Meeresdurchfahrt zwischen Italien und der afrikanischen Küste.

Auf deutscher Seite hatte man das Problem Malta sehr wohl erkannt. Im Dezember 1941 – bereits sehr spät – wurde das deutsche II. Fliegerkorps von der Ostfront nach Sizilien und Nordafrika verlegt. Seit Mai 1941 lag auch die »Sqadriglia 239« in Nordafrika – die erste italienische, mit zehn Ju 87 ausgerüstete Stukastaffel, die mit Erfolg gegen die alliierten Schiffe kämpfte, die Tobruk versorgten. Malta aber war inzwischen von den Engländern zu einer Festung ausgebaut worden. Drei große Nachschub-Konvois erreichten 1941 die Insel mit Waffen, Munition und Treibstoff. Die aus Kreuzern und Zerstörern bestehende britische »Kampfgruppe K« und die 10. U-Boot-Flottille sowie Bomber und Torpedoflugzeuge wurden dort stationiert. Der deutsche Nachschub für Afrika geriet ins Stocken. Steil stiegen die Verluste an: Im August 1941 gingen neun, im September bereits 37 Prozent des Nachschubs verloren. Was sind Prozente? Das sind zum Beispiel 5000 Soldaten, die im Mittelmeer ertranken, als am 18. September 1941 zwei italienische Truppentransporter von britischen U-Booten versenkt wurden. Prozente wie diese bedeuteten Blut, Tod und wirkten zurück auf die kämpfende Truppe in Afrika, die dort wiederum blutete, weil es an Munition und Treibstoff fehlte. Im November betrug die Verlustquote an Nachschub bereits 77 Prozent. Malta mußte fallen, oder das Deutsche Afrika-Korps war verloren. Der Kommandierende General des deutschen XI. Fliegerkorps, Kurt Student, hatte in monatelanger Planung die Luftlandung auf Malta sorgfältig vorbereitet und die Erfahrungen der Eroberung Kretas hineingearbeitet. Auf ausgezeichneten Luftfotos war jede einzelne Feindstellung, jede Einzelheit bis herab zum Kaliber der Geschütze erkannt und registriert.

Deckname der Luftlandeoperation gegen Malta war »Herkules«. Sie sollte unter dem Oberbefehl des italienischen Marschalls Graf Cavallero ablaufen. Über 30 000 Mann – so viele wie die Inselbesatzung zählte – sollten mit dem Fallschirm abspringen: die Fallschirmjäger Students und die von dem deutschen Generalmajor Bernhard Ramcke ausgebildete, vorzügliche italienische Fallschirmdivision »Folgore«, dazu die Luftlandedivision »Superba«. Für die Landung über See waren außerdem sechs italienische Divisionen mit 70 000 Mann vorgesehen. 500 Ju 52 standen bereit – der kurze Flugweg von Sizilien nach Malta erlaubte jeder Maschine einen viermaligen Flug zur Insel pro Tag. Außerdem standen 300 Lastensegler DFS 230 (für je 10 Mann) und 200 Lastensegler Gotha Go 242 (für je 25 Mann) bereit. Das Unternehmen »Herkules« – mit fünfmal so starkem Truppeneinsatz wie dem für die Kreta-Operation und ungleich besserer Vorbereitung – hatte alle Erfolgsaussichten.

Im Dezember 1941 eröffnete das II. Fliegerkorps die Luftoffensive gegen Malta. Vorhanden waren insgesamt 352 Flugzeuge, davon jedoch nur 229 einsatzbereit. Weiträumig wurde das Mittelmeer überwacht, Geleitschutz für Seetransporte geflogen und Malta selbst angegriffen. Für den Afrikanachschub wirkte sich das sofort günstig aus, doch die Verluste der Stukas bei den Maltaangriffen wurden unerträglich hoch.

Der Glaubenssatz der Luftwaffe war auf die Probe gestellt: Bombenangriff im Sturzflug. Seit den ersten deutschen Angriffen auf Malta zur Zeit der Kreta-Kämpfe hatten die Engländer den Flakschutz von Malta verstärkt. Die Stukas stürzten genau auf die Mündungsblitze Hunderter von Flugabwehrgeschützen zu. Flakstellungen samt Bedienung wurden von Bomben zerfetzt, Stukas platzten in der Luft, von Flakgranaten zerrissen, und fielen als Feuerbälle ins Meer oder auf die Insel.

Um die Jahreswende 1941/42 gelang es der deutschen Luftwaffe, die Luftherrschaft im mittleren Mittelmeer zu gewinnen.

Die Führung des II. Fliegerkorps hatte sich über die Sturzflug-Maxime hinweggesetzt und griff nun mit geschlossenen Kampfverbänden systematisch Malta an: Flugplätze wurden zerstört, Flakbatterien ausgeschaltet und schließlich die Docks und Hafenanlagen von La Valetta – des Marinestützpunkts – in Trümmer gelegt. Mit 1000-kg-Panzerbomben mit Raketentreibsatz – die bis zu 14 Meter tief in Felsböden eindrangen – wurden mutmaßliche unterirdische Flugzeughallen bekämpft.

Im März 1941 versuchten die Engländer einen Nachschub-Konvoi nach Malta zu bringen – die Luftwaffe vernichtete ein Transportschiff nach dem anderen. Der Spieß war umgekehrt worden. Nur zwei Transporter gelangten schwer beschädigt in den Hafen von La Valetta – und wurden dort weiterhin attackiert. Nach drei Tagen sanken beide im Hafen. Doch in den kurzen Angriffspausen hatten die Engländer noch 5000 Tonnen Versorgungsgüter bergen können.

Rommels Soldaten konnten aufatmen. Auf Malta detonierten weiter die deutschen Bomben. Die britischen Bomber hatten die Insel verlassen, die Zerstörer und U-Boote räumten gleichfalls ihren Stützpunkt. Die auf Malta verbliebenen britischen Soldaten erhielten je Mann drei und eine halbe Scheibe Brot pro Tag, dazu etwas Marmelade und Fleischkonserven. Trinkwasser, Licht und Heizung waren rationiert. »Malta stand vor der unerfreulichen Tatsache, ausgehungert und durch Mangel an Ausrüstung und Munition zur Übergabe

Bild links: Ein deutsches Bombenflugzeug vom Typ Ju 88 nimmt nach einem Einsatz in der Wüste auf einem libyschen Feldflughafen tödliche Fracht für den nächsten Angriff auf. Die Ju 88 verfügte über einen Aktionsradius von 3000 Kilometern, an Bombenlast konnte sie 2500 kg mitschleppen. Das waren genau fünf der im Bildvordergrund herumliegenden 500-Kilogramm-Bomben.
Bild rechte Seite: Eine deutsche Focke-Wulf Fw 190 hat im Tieffliegerangriff einen englischen Panzer in der Cyrenaika abgeschossen.

gezwungen zu werden«, schrieb der RAF-Befehlshaber auf Malta, Vizeluftmarschall Lloyd, über jene düsteren Tage.
Mitte April fuhr der amerikanische Flugzeugträger »Wasp« bei Gibraltar ins Mittelmeer ein. Von seinem Deck starteten 47 Spitfires und flogen mit dem letzten Tropfen Sprit nach Malta. Die Funkhorchkompanie des II. Fliegerkorps wußte jedoch alle Einzelheiten, sogar die genaue Landezeit. Zwanzig Minuten nach der Landung der Spitfires donnerten Bombenteppiche auf die beiden Landeplätze – nur 27 Spitfires blieben heil. Tage später fielen sie in Luftkämpfen den Me 109 des Jagdgeschwaders 53 zum Opfer. Malta war sturmreif gebombt. Großadmiral Raeder und Feldmarschall Kesselring hatten wiederholt die Besetzung Maltas gefordert. Aber Mussolini zögerte. Am 29. April besuchte er Hitler auf dem Obersalzberg und erklärte: »Wir brauchen noch drei Monate Zeit.« Die beiden Diktatoren legten eine Reihenfolge fest: Tobruk wird im Juni erobert, Malta im Juli.
Drei Monate sind im Krieg eine lange Zeit – da stehen Sieg und Niederlage dicht nebeneinander, und die Briten sind hartnäckig.
Trotz deutscher Luftüberlegenheit wollte ein englischer Zerstörerverband einem italienischen Afrika-Geleitzug auflauern, wurde indes von einem deutschen Aufklärer entdeckt und drehte deshalb ab. Deutsche Stukas verfolgten die britischen Schiffe, doch ihre Bomben verfehlten die Zickzack-Kurs fahrenden Zerstörer. Am Abend des 11. Mai aber schaffte es die Gruppe des Hauptmanns Helbig mit nur sieben Maschinen: Drei von vier Zerstörern sanken auf den Grund des Mittelmeeres.

Der erfolgreichste deutsche Jagdflieger auf dem Kriegsschauplatz im Mittelmeer war der blutjunge Hans-Joachim Marseille (Bild oben), nach Meinung Adolf Gallands „unerreichter Virtuose unter den Jagdfliegern des Zweiten Weltkrieges“. Als das Leitwerk seiner Me 109 (Bild rechts) aufgenommen wurde, kündete es von 101 Abschüssen, 70 im Lorbeerkranz, denen dann noch 31 Striche hinzugefügt worden waren. Marseille fand am 1. Oktober 1942 auf einem Feindflug an der nordafrikanischen Front den Tod; bis dahin hatte er 158 Luftsiege errungen. Bild linke Seite: deutscher Luftangriff auf die Festung Tobruk im September 1941. Im Vordergrund säumen englische Schiffswracks den Hafen.

Wenig später drang ein englischer Sabotagetrupp nachts in den Flughafen Iraklion ein und heftete Minen an die Ju 88 der Gruppe Helbig: Alle Maschinen explodierten.

Im Mai lagen wiederum die Flugzeugträger »Wasp« und »Eagle« in der Nähe von Algier. Von ihren Flugdecks starteten erneut 64 Spitfires nach Malta. Kaum waren sie dort gelandet, wurden sie in Splitterboxen gezogen, aufgetankt und waren wenige Minuten später wieder startbereit. Der deutsche Luftangriff kam diesmal zu spät. Die Deutschen trafen auch den Versorger »Welshman« nicht, der sich nach Malta durchgeschlagen hatte und Flakmunition brachte. Als er entladen wurde, lag künstlicher Nebel über dem Hafengebiet, die deutschen Bomben mußten blind geworfen werden.

Am 10. Mai hatte das II. Fliegerkorps zwar gemeldet: »Malta als Flotten- und Luftstützpunkt völlig ausgeschaltet«, und tatsächlich gab es fast keine lohnenden Ziele mehr auf der Insel, doch kaum merklich erstarkte Malta wieder. Der Atem der deutschen Kriegführung reichte nicht mehr aus. Für die Sommeroffensive in Rußland wurde jedes entbehrliche Flugzeug gebraucht. Wenn Malta zerbombt war, konnten wertvolle Besatzungen und Flugzeuge woanders eingesetzt werden. Das Kampfgeschwader 77 mußte von Sizilien an die Ostfront verlegt werden, zwei Jagdgruppen folgten ihm. Die deutsche Luftaufklärung erbrachte eindeutige Beweise für die Vorbereitung einer Großoffensive der Engländer gegen Rommel in Nordafrika: Luftaufnahmen zeigten insgesamt 800 britische Flugzeuge auf frontnahen Plätzen, Panzer- und Artilleriebereitstellungen.

Deshalb wurden Nachtjagd-, Jagd- und Stukaverbände des II. Fliegerkorps nach Nordafrika zur Unterstützung Rommels geworfen. Das ohnedies schwache II. Fliegerkorps, das im April Malta besetzungsreif geschlagen hatte, war Ende Mai zwischen Rußland, Sizilien und Afrika aufgesplittert.

Rommel hatte zwei Möglichkeiten: zu warten, bis Malta erobert war – mit dem mutmaßlichen Resultat, daß er inzwischen von der Übermacht der Engländer überrannt wurde –, oder ohne Rücksicht auf Malta in die britischen Angriffsvorbereitungen hineinzustoßen. Selbst bei einem Sieg mußte er dann damit rechnen, daß ihm von Malta aus der Nachschub abgewürgt werden konnte. Rommel entschloß sich zum Angriff.

Der englische Artillerist Rowlands schilderte seine Erlebnisse während der Rommel-Offensive: »Wir lagen vor Ghasala in der sogenannten Stuka-Allee. Die Stukas kamen jeden Morgen so pünktlich, daß wir unsere Uhren danach stellen konnten. Wir waren am 10. Juni dran... Es war eben 10 Uhr morgens, und wir schossen gerade auf deutsche Panzer. Es herrschte ein ohrenbetäubender Gefechtslärm, und ringsum schlugen feindliche Granaten ein. Erst als ich zufällig nach oben blickte, sah ich, daß die Stukas bereits über uns kreisten. Ich dachte: »Jetzt ist es soweit« und warf mich auf den Boden, als die Hölle losbrach.

Mein Geschütz wurde bald getroffen, und ich erinnere mich, wie ich immer wieder hochgeworfen wurde und auf die Erde zurückfiel, während die Detonationen unsere Stellung erschütterten. Nachdem sich Rauch und Staub verzogen hatten, waren die Geschütze und Fahrzeuge ein brennendes Gewirr verbogenen Metalls, ringsumher detonierte unsere Munition. Ich war nicht verwundet worden, aber durch das Herumgeworfenwerden auf dem Boden völlig zerschlagen. Wir hatten hohe Verluste, wurden sehr bald überrannt und gefangengenommen. Einen Stukaangriff möchte ich nicht noch einmal erleben.«

Am 3. Juni zerschlug das Stukageschwader 3 die befestigten Stellungen von Ghasala – allerdings verlor das Geschwader in einer Woche vierzehn Maschinen.

Am 21. Juni 1942 fiel Tobruk in deutsche Hand. Der Sturm auf die Festung war geradezu eine – freilich sehr blutige – Lehrvorführung über das Zusammenwirken von Luftstreitkräften und Bodentruppen: Das Stukageschwader 3 zerschlug um 5.02 Uhr die britischen Linien, und deutsche Panzer und Infanteristen drangen durch die Breschen nach Tobruk hinein.

In der Wüste, bei Sidi Barrani, trafen sich die vier Marschälle Rommel, Kesselring, Bastico und Cavallero. Es ging

dabei auch um Malta. Rommel war voller Siegeszuversicht und wollte nicht durch das Unternehmen »Herkules« gebremst werden. »Die Briten sind im Laufen«, sagte er, »...der Nachschub ist vorläufig durch die reiche Beute in Tobruk gesichert. Wir müssen jetzt alle Kräfte, vor allem die Luftwaffe, im Sinne des Schwerpunktgedankens zusammenfassen. Und das ist hier, hier in Ägypten.« Die beiden italienischen Marschälle – den Sieg vor Augen – stimmten ihm zu. Kesselring warnte vor den Nachschubschwierigkeiten. »Meine Flieger sind ausgepumpt«, sagte er, »die Maschinen müssen überholt werden. Ich halte es als Flieger für einen Wahnsinn, gegen eine intakte feindliche Fliegerbasis anzurennen.« Kesselring lehnte den Angriff in Richtung Kairo ab. In barschem Ton verbot Hitler Kesselring telegrafisch, sich weiterhin in Rommels Pläne einzumischen.

Die Tragödie folgte zwangsläufig. Die Engländer schickten Geleitzüge nach Malta – sie kamen aus Gibraltar, aber auch aus Alexandria. Deutsche und italienische Stukas und Bomber griffen an – unter schweren Verlusten auf beiden Seiten.

Doch immer mehr nützte sich die Luftwaffe ab, immer mehr britische Schiffe kamen nach Malta durch.

Das Deutsche Afrika-Korps aber marschierte so schnell in Richtung Kairo, daß die Bodenorganisation des Jagdgeschwaders 27 nicht mehr folgen konnte. Der »Fliegerführer Afrika« warf in die

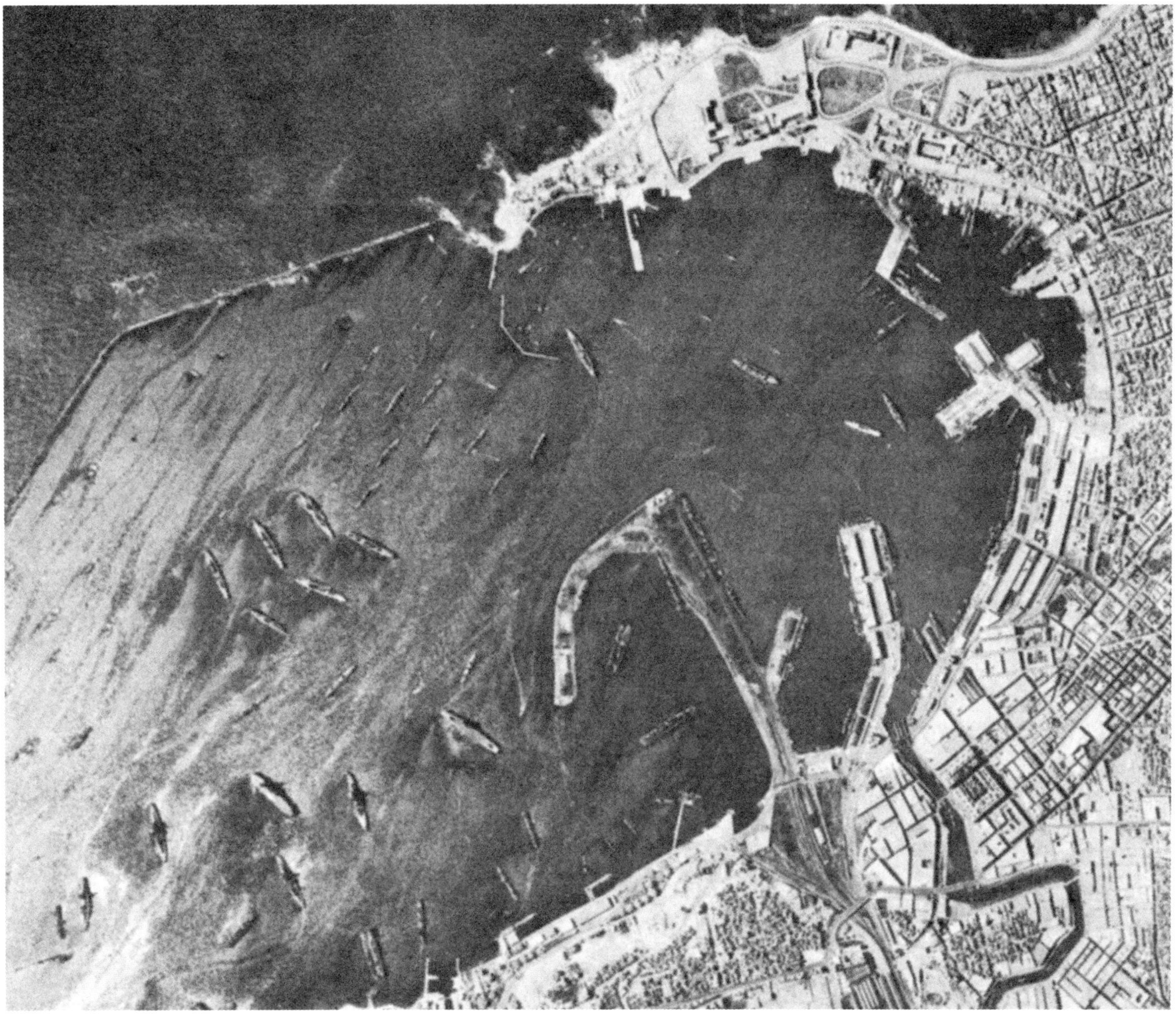

Während die Luftwaffe allein auf die Stützpunkte des italienischen Verbündeten angewiesen war, hatten die Briten im Mittelmeer vier feste Bastionen: Gibraltar und Malta, Ägypten und Palästina. Bild linke Seite: Bofors-Luftabwehrgeschütz einer britischen Flak-Stellung auf Malta.

Bild oben: der Hafen von Alexandria, dem wichtigsten britischen Flottenstützpunkt im Mittelmeer, aufgenommen von der Bordkamera eines deutschen Fernaufklärers. Bild rechts: Auch der Hafen von Haifa im damals britisch besetzten Palästina war als Dreh- und Angelpunkt der englischen Ölzufuhr aus Arabien das Ziel deutscher Luftangriffe.

Schlachten um Marsa Matruh und El Alamein, was greifbar war: Das Lehrgeschwader 1 zerbombte britische Versorgungsdepots, das Stukageschwader 3 Truppenbewegungen, die Jagdflieger hatten Hochbetrieb – die englische Fliegertätigkeit nahm täglich an Intensität zu. Auf deutscher Seite konnten manche Staffeln längere Zeit nicht starten: Die Treibstoffversorgung funktionierte nicht. Die Engländer jedoch – in Ermangelung eines Stuka – hatten ihren Jagdflugzeugen Bomben unter den Bauch gehängt: Der Jagdbomber war entstanden. Der Jabo – schnell heranjagend, bombend und im Tiefflug forthuschend – wurde für diese Phase des Afrikakrieges typisch, insgesamt erwies sich dieser Stuka-Ersatz schließlich sogar als dem Stuka überlegen.

Speziell als »Panzerknacker« wurde die Hurricane II D »Tank Buster« eingesetzt – sie besaß zwei 40-mm-Kanonen. Rommels Verluste durch Tiefflieger stiegen an.

Die Briten erlernten nun auch das Zusammenwirken von Fliegern und Bodentruppen. Das neu aufgestellte »Army Co-Operation Command« bewährte sich, und die deutschen Afrika-Soldaten bekamen es zu spüren.

Montgomery leitete die Großoffensive mit 15 Tage lang anhaltenden Bombenangriffen ein. Das Deutsche Afrika-Korps wurde von Bomben zugedeckt: 7000 Bomber attackierten Flugplätze, Umschlagstellen, Depots und Transportkolonnen. Verheerend wirkten sich die Bombenangriffe auf den deutsch-italienischen Nachschubverkehr zwischen Italien und Nordafrika aus. Im September 1942 wurden 30, im Oktober 40 Prozent aller Transporte versenkt, nur ein Drittel der verschifften Treibstoffe gelangte in die Bestimmungshäfen, von dort aber kaum noch an die Front: Jabos jagten jedes über die Wüstenpisten rollende Fahrzeug.

Am 23. Oktober griff die britische 8. Armee an; zu diesem Zeitpunkt waren die deutschen Luftstreitkräfte in Afrika schon dezimiert. Rommel faßte seine letzten Reserven zum Gegenangriff zusammen. Da warfen innerhalb von 150 Minuten RAF-Bomber die Bereitstellungsräume zusammen. Am 2. November begann der Rückzug des Deutschen Afrika-Korps. Jetzt zeigte sich der Krebsschaden des Rommelschen Wüstenkrieges: die Nachschublage. Die deutsche Luftwaffe hatte im Mittelmeerraum die Luftüberlegenheit verloren, die Briten, inzwischen verstärkt durch amerikanische Luftwaffenverbände, hatten sie an sich gerissen.

Malta wurde zum Pfahl im Fleische – täglich stärker werdend, operierten Bomber und Jagdflieger gegen Rommels Versorgung. Obwohl die Fahrt durch die Meerenge zwischen Sizilien und Afrika keine Nacht dauerte, wurden im Dezember 1942 und im folgenden Januar 47 Schiffe versenkt, etwa 20 schwer beschädigt. Die italienische Marine besaß Anfang 1943 kaum noch ein Drittel ihres ursprünglichen Schiffsbestandes.

Seit dem 8. November 1942 waren die

Unter den Transportflugzeugen, die dem deutsch-italienischen Nachschub für Nordafrika dienten, war das größte der sechsmotorige Großraumtransporter „Gigant", eine Messerschmitt-Konstruktion von gewaltigen Ausmaßen. Acht Meter hoch und 28 Meter lang, war die „Gigant" bei einer Spannweite von 55 Metern und 43 Tonnen Startgewicht das größte Landflugzeug ihrer Zeit. Doch auch mit diesen Riesenmaschinen war die deutsche Niederlage im Nachschubkrieg im Mittelmeer nicht abzuwenden.
Bild linke Seite: Deutsche Landetruppen gehen auf einem sizilianischen Flughafen an Bord eines startbereiten „Giganten". Bild oben: Verladung von Pak-Geschützen.

deutsch-italienischen Truppen aber auch vom Westen her bedroht: An diesem Tag landeten anglo-amerikanische Invasionsverbände in und bei Oran, in Französisch-Nordafrika – außerhalb der Reichweite deutscher Kampfflugzeuge. Hitler – den Blick auf Stalingrad gerichtet – mußte auch das afrikanische Loch stopfen und warf die 5. Panzerarmee nach Tunesien. Ihre Regimenter waren keineswegs vollzählig, die ganze Armee zählte schließlich 78 000 deutsche und 27 000 italienische Soldaten. Der »Fliegerführer Tunis« erhielt eilig zusammengekratzte Kräfte aus Sardinien, Sizilien, Torpedo- und Langstreckenkampfflugzeuge aus Frankreich, Norwegen und sogar aus Rußland. Erste deutsche Jagdbomber – die Fw 190, auch die Me 110 – ersetzten die zu langsamen Ju 87. Die Luftüberlegenheit gehörte den Alliierten.
Dennoch errangen selbst die Ju 87 zusammen mit einer Gruppe Hs 129 noch örtliche Erfolge: Am 14. Februar 1943 flogen sie 360 Einsätze bei Feriana und Sbeitla – eine Wende konnten sie nicht mehr herbeiführen. Die alliierte Übermacht war erdrückend – der eigene Nachschubmangel katastrophal. Im Februar 1943 hatte die 5. Panzerarmee nur 25 000 von 80 000 abgeschickten Tonnen erhalten. Hitler aber wollte Tunis um jeden Preis halten. Er werde, so sagte er, die Nachschubquote um 150 999 Tonnen monatlich steigern.
Eine Luftbrücke sollte helfen. 200 Ju 52 und 15 sechsmotorige Me 323 »Gigant« flogen ununterbrochen den Flugplatz Tunis an – stets in Furcht vor britischen oder amerikanischen Jägern aus Malta, dem wiedereroberten Libyen oder aus Französisch-Nordafrika. Mitte Februar erreichte das Deutsche Afrika-Korps auf seinem Rückzug Tunesien – es war auf ein Drittel der einstigen Stärke zusammengeschmolzen und besaß noch 129 Panzer, von denen die Hälfte nicht einsatzbereit war.
Stalingrad hatte kapituliert, am 7. Mai 1943 wurden auch das Deutsche Afrika-Korps und die 5. Panzerarmee – die zum Schluß die »Heeresgruppe Afrika« bildeten – gefangengenommen. Die Alliierten zählten insgesamt 252 000 Gefangene – je zur Hälfte Italiener und Deutsche: das afrikanische Stalingrad.

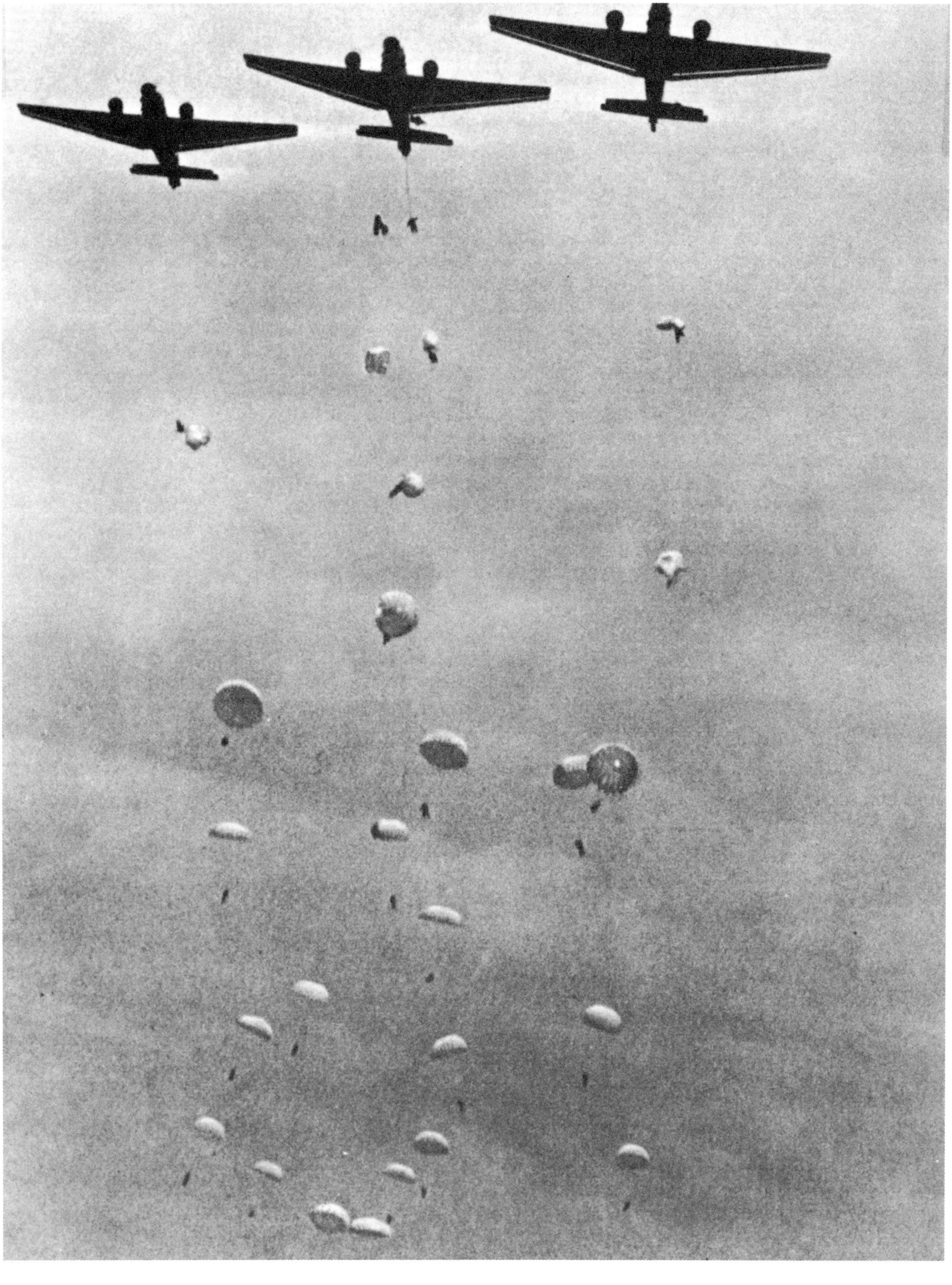

Fallschirmjäger von Eben Emael nach Kreta

Geburtstag und Todestag der deutschen Fallschirmtruppe liegen nur fünfdreiviertel Jahre auseinander: Als Geburtstag gilt der 29. Januar 1936. An diesem Tage erließ der Reichsminister für Luftfahrt und Oberbefehlshaber der Luftwaffe, Hermann Göring, den Befehl, eine Gruppe Freiwilliger aus dem Regiment »General Göring« im Fallschirmspringen und Fallschirmpacken auszubilden. Das Todesurteil sprach Hitler am 19. August 1941: »Die Tage der Fallschirmtruppe sind vorüber. Die Fallschirmwaffe ist eine reine Überraschungswaffe, und der Überraschungsfaktor hat sich inzwischen abgenutzt.«
Die fünfdreiviertel Jahre bis zu diesem (Fehl)Urteil sahen die Entstehung einer Elitetruppe, wie es sie bis dahin auf der Welt noch nicht gegeben hatte.
Die Offiziere, die im Frühjahr 1936 daran gingen, diese Truppe aufzubauen, betraten in jeder Hinsicht Neuland. Es gab keine Vorbilder. Neuland war schon die Technik. Die bis dahin in der Luftfahrt benutzten, manuell ausgelösten Rettungsschirme waren ungeeignet, weil die Zeit zum Auslösen und bis zur Entfaltung des Schirmes zu lang war – es war von vornherein klar, daß die Fallschirmspringer möglichst nur ganz kurze Zeit hilf- und wehrlos in der Luft am Schirm baumeln, also aus möglichst geringer Höhe abgesetzt werden sollten. Dafür mußte ein neuer, automatisch öffnender Schirm entwickelt werden.
Nicht nur das, man brauchte einen für die besonderen Bedingungen geeigneten Kampfanzug (»Knochensack«); auch der traditionelle Stahlhelm mit den aufgebogenen Rändern taugte nicht für Springer und mußte durch einen aerodynamisch besseren Helm ersetzt werden. Man brauchte auch eine leichte, beim Sprung mitnehmbare Maschinenwaffe – die MP. Ziemlich früh auch wurden Überlegungen angestellt und Entwicklungen eingeleitet, die Transportkapazität auszuweiten und dabei eine taktische Variante zu gewinnen: Streng geheim begann die Konstruktion geeigneter Lastensegler.
Wichtiger aber als diese technischen Novitäten war die Entwicklung neuer Ausbildungs- und Einsatzprinzipien und neuer Befehlsstrukturen. Hier liegt die eigentliche große Leistung der Offiziere, die die Fallschirmtruppe formten, der Kommandeure der ersten Fallschirmbataillone, Bräuer (Luftwaffe) und Heidrich (Heer), und dann vor allem des Kommandeurs der Fallschirmtruppen, Student.
Alle diese Offiziere hatten von vornherein erfaßt, daß es nicht damit getan war, normalen Infanteristen das Abspringen mit dem Fallschirm beizubringen. Denn die bewährten Führungsmethoden normaler Infanterie waren für die Fallschirmtruppe nicht brauchbar: Der mitspringende Divisionär oder Regimentskommandeur fand unten ja kein Stabsquartier mit ausgebauten Nachrichtenverbindungen.
Die Folgerung daraus: Nicht nur die Offiziere, jeder einzelne Springer mußte vor dem Einsatz bis ins Detail den Kampfauftrag seiner Gruppe und mindestens auch den der Nachbargruppen kennen, um jederzeit auch ohne Führung taktisch richtig handeln und improvisieren zu können. Schlichter ausgedrückt: Zum ersten Male in der deutschen Militärgeschichte wurden Soldaten zu Einzelkämpfern ausgebildet, geschult, nicht auf Befehle zu warten, sondern selbständig, in eigener

Die Idee, Soldaten im Hinterland des Feindes aus der Luft abzusetzen, wurde bereits im Ersten Weltkrieg geboren. US-General William Mitchell plante für den Februar 1919 bei Ypern die erste Fallschirm-Luftlandeoperation der Militärgeschichte. Die deutsche Kapitulation im November 1918 kam der Premiere zuvor. 1930 beeindruckte dann die Rote Armee bei einem Manöver die westlichen Militärattachés mit einem Fallschirm-Kommandounternehmen. Die Deutschen traten erst fünf Jahre später auf den Plan, als Göring am 1. Oktober 1935 aus 600 Freiwilligen ein Fallschirmjäger-Bataillon aufstellen ließ. Bevor die deutschen Fallschirmjäger 1941 über Kreta das bis dahin größte Luftlandeunternehmen der Geschichte durchführten (Bild linke Seite), hatten sie 1940 bei der Erstürmung des belgischen Forts Eben Emael ihre Feuertaufe erhalten (Bild rechts).

Verantwortung nach der Notwendigkeit der Situation zu handeln.
Das war, wenn man so will, das eine große Erfolgsgeheimnis dieser erstaunlichen Truppe. Hinzu kam eine sehr gezielte Personalauswahl: Zur Fallschirmtruppe kamen grundsätzlich nur Freiwillige, und da es deren weit mehr als genug gab, konnte man sich den Luxus erlauben, die besten herauszupicken. Die mußten körperlich absolut fit sein, charakterlich wurde ein kontrollierter Draufgängertyp bevorzugt; Männer also, die das hohe Risiko ihrer speziellen Kampfart bewußt auf sich nahmen.
Schließlich muß man, um die Besonderheit der Fallschirmtruppe zu verstehen, zwei psychologische Elemente in Rechnung stellen:
Zum einen den enormen inneren Zusammenhalt dieser Truppe, der sich aus der Kampfart ergab. In einer Truppe, bei der im Einsatz der General genauso am Schirm baumelt wie der letzte Jäger, im gleichen Kampfanzug, MP umgehängt und Handgranaten im Beutel, entwickelt sich zwangsläufig ein Gefühl, unbedingt aufeinander angewiesen zu sein.
Das andere psychologische Element, das den unbändigen Kampfgeist dieser Truppe erklärt, sie zu Leistungen befähigte, wie man sie sonst nur bei Verzweiflungskämpfen beobachten

Schon vor Kreta, beim Kampf auf dem griechischen Festland, waren deutsche Fallschirmjäger zur Sicherung der Brücke über den Kanal von Korinth zum Einsatz gekommen. Sie nahmen die Brücke im Handstreich, doch ein englischer Fliegerangriff machte alle Mühen zunichte (Bild links).

Bild oben: Luftaufnahme des tief in die Landenge von Korinth eingeschnittenen Kanals nach der Zerstörung der Brücke. Bilder rechte Seite: die Gegner im Kampf um Kreta 1941. Links General der Fallschirmjäger Kurt Student, rechts Lieutenant-General Sir Bernard Freyberg, Oberbefehlshaber der britischen Truppen auf Kreta.

kann: Der Fallschirmspringer (selbstverständlich auch der mit dem Lastensegler einschwebende Soldat) kämpft, anders als alle anderen Soldaten, auch als Angreifer mit dem Rücken an der Wand.
Ob Bomberpilot, ob Panzerfahrer, ob Infanterist – sie alle haben einen Rückweg. Der Fallschirmspringer hat diesen Notausgang nicht. Wenn er aus der Transportmaschine hechtet, dann weiß er, daß da nichts und niemand ist, ihn im Mißerfolgsfall zurück in den Himmel zu hieven und nach Hause zu bringen. Er hat nur einen Weg, und der heißt kämpfen und siegen. Er steht, und das ist sein freiwillig übernommenes Risiko, kaum daß er die Füße am Boden hat, auf buchstäblich verlorenem Posten, es sei denn, er kann ihn halten.
Der erste geplante Einsatz der Fallschirmjäger – Wegnahme der Weichselbrücke bei Pulawy zu Beginn des Polenfeldzuges – wurde abgeblasen, als die zu dieser Zeit einsatzfertigen drei Fallschirmjäger-Bataillone schon startbereit in den Transportmaschinen saßen. Panzer waren schneller in Pulawy gewesen.
Der nächste Einsatz kam so überraschend wie der ganze Norwegen-Feldzug, mußte improvisiert werden – und klappte. Der dritte Einsatz der neuen Truppe war der, der ihre Möglichkeiten perfekt ausspielte: die Wegnahme des Sperrforts Eben Emael am Albertkanal, um den Weg für eine Armee freizumachen.
Das Sperrfort Eben-Emael, in beherrschender Position oberhalb des Kanals, war eine der modernsten Verteidigungsanlagen jener Zeit, es galt als uneinnehmbar. Selbst General Student hatte verblüfft geschluckt, als Hitler ihn fragte, ob das gehe. Aber dann war die Sache perfekt vorbereitet worden. Irgendwo in einem abgelegenen Heidewinkel hatte man eine Attrappe der Fortanlage aufgebaut. Die noch nicht einmal 100 Mann, die das Fort nehmen sollten, konnten üben, bis sie blind wußten, wo was war.
Die mächtige Kampfanlage Eben Emael war auf alles mögliche eingerichtet, nur nicht auf einen Angriff von oben. Der Angriff aufs Fort in den frühen Morgenstunden des 10. Mai 1940 wurde mit Lastenseglern geflogen, die benachbarten Kanalbrücken wurden mit Springern angegangen.
Die Lastensegler, von Jus geschleppt, waren damals noch ein gutgehütetes Geheimnis. Lautlos durch die Nacht gleitend, dann mit knirschenden und krachenden Kufen, landeten sieben der zerbrechlichen Kisten direkt auf dem Superfort. Eigentlich hätten es elf sein sollen. Zwei waren außerhalb gelandet, zwei waren unterwegs verlorengegangen, darunter der Segler, in dem der Chef der Eben-Emael-Gruppe, Oberleutnant Witzig, saß.
Aber nun bewährte sich die Ausbildung der Fallschirmtruppe: Ohne Zögern übernahm der Oberfeldwebel Teddy Wenzel die Führung der 55 Mann, die auf der Bunkeranlage angekommen waren. Sie begannen, wie geübt, die Panzerkuppeln mit Hohlladungen aufzusprengen, in die Kasematten einzudringen. Schließlich, gegen 10 Uhr vormittags, kam auch Witzig angesegelt – hatte es fertiggebracht, eine Ju zu der Wiese zu dirigieren, auf der sein Lastensegler notgelandet war, und erneut im Schlepp zu starten.
Das Fort fiel, zwei von drei Kanalbrücken wurden unversehrt genommen, die Fallschirmtruppe hatte ihre erste wichtige Bewährungsprobe bestanden. Die Handstreich-Eroberung einer hochmodernen Festungsanlage durch fünf Dutzend Männer machte Schlagzeilen, auch auf der Gegenseite, aber wie es gemacht worden war, das war nirgendwo zu lesen – Hitler wollte den Überraschungseffekt, der in diesem Falle so offensichtlich zum Erfolg beigetragen hatte, bewahren.
Es folgte ein nicht sehr glückhaftes, aber schulmäßig exerziertes Fallschirmjägerunternehmen – die Brücke über den Isthmus von Korinth, und dann kam Kreta. Es war eine Art Nachklapp des Balkan-Blitzfeldzuges, und es war nachgerade aberwitzig: eine knapp 300 Kilometer lange und 50 Kilometer breite, von 45 000 Mann und einer seebeherrschenden Flotte verteidigte Insel aus der Luft erobern zu wollen...

*

»Rot scheint die Sonne...« Dumpf steigt das Lied der deutschen Fallschirmjäger in den Morgenhimmel über Griechenland. 4000 Soldaten marschieren in der trügerischen Stunde zwischen Nacht und Tag auf eine Armada plumper dreimotoriger Transportflugzeuge und zerbrechlicher Lastensegler zu. Es ist der 20. Mai 1941, vier Uhr – noch 30 Minuten bis zum Start.
Das Aufbrüllen 800 PS starker BMW-Sternmotoren fegt die trotzigen Klänge

hinweg. 4000 Männer sind auf dem Weg in die Schlacht. Allen wird an diesem Morgen noch einmal die Sonne aufgehen – für viele von ihnen wird es das letzte Mal sein.
4.30 Uhr: durchdringendes Motorengeheul der startenden Transportmaschinen, riesige Staubsäulen, ruckartig anziehende Lastensegler – »Unternehmen Merkur« hat begonnen. Ziel ist Kreta, die gebirgige, wild zerklüftete, glühend heiße Insel im Mittelmeer, rund 350 Kilometer im Süden.
Die 4000 Soldaten – die ersten von insgesamt 24 500 Mann, die in den kommenden Tagen durch das »Fegefeuer von Kreta« werden gehen müssen – ahnen nicht, daß der Feind sie erwartet; daß die englische Flotte seit sechs Tagen rund um die Insel in See steht, daß die Verteidiger Kretas seit drei Tagen hinter ihren Maschinengewehren und Flakgeschützen liegen: feuerbereit!
Hauptziel der ersten deutschen Angriffswelle, die in genau 165 Minuten vom Himmel fallen wird, ist Malemes an der westlichen Nordküste der Insel: ein Dorf und der dazugehörige Flugplatz, der einen Kilometer lang und 500 Meter breit ist und lediglich über eine gewalzte Kieselrollbahn verfügt. Dieser ärmliche Dorfflughafen aber wird nur 24 Stunden später einen Namen tragen, den die Deutschen nie mehr vergessen werden: »Malemes – Tor zum Schicksal!«
Denn hinter diesem Tor wartet auf die deutschen Fallschirm- und Gebirgsjäger eine buchstäblich mörderische Schlacht, warten Kämpfe von bisher unbekannter Brutalität, Durst, Verzweiflung, schnelles Sterben am Schirm und qualvolles Krepieren in der Flammenhölle explodierender Maschinen. Die Fallschirmjäger, die blutjunge Elite der Wehrmacht, werden hier die erste (und zugleich die letzte) Offensive des Zweiten Weltkriegs, die ausschließlich aus der Luft erfolgen wird, siegreich führen. Und sie werden erleben, daß ihr blutiger Triumph zugleich zum Schwanengesang ihrer Waffe werden wird.
Überstürzt geplant, unzureichend vorbereitet, wird dieser Angriff vom Himmel und aus der aufgehenden Sonne heraus weniger von dem Genie eines Feldherrn und den taktischen Schach-

Am 20. Mai 1941 begann das erste große Luftlandeunternehmen der Kriegsgeschichte, der erfolgreiche Angriff auf die Mittelmeerinsel Kreta. Bild rechte Seite: Fertigmachen zum Absprung. Bild oben: der Sprung in die Tiefe. Die Reaktion auf diese erstaunliche Operation war merkwürdig: positiv beim Verlierer, negativ beim Sieger. Churchill befahl, die winzige britische Fallschirmtruppe schleunigst von 500 auf 5000 Mann zu verstärken. Hitler dagegen erklärte am 19. August bei der Verteilung der Ritterkreuze für die Kretakämpfer: „Die Tage der Fallschirmtruppe sind vorüber. Die Fallschirmwaffe ist eine reine Überraschungswaffe, und der Überraschungsfaktor hat sich inzwischen abgenutzt.“

zügen der Generale, sondern vorwiegend von der Härte, dem Mut und der Improvisationskunst der kämpfenden Soldaten entschieden werden.
Da ist der Oberleutnant Alfred Genz, der Chef der 1. Kompanie des Fallschirmjäger-Sturmregiments. Mit neuen Lastenseglern vom Typ DFS 230 und 90 Mann erscheint er, Punkt 7.15 Uhr, über der Küste Kretas. Er soll eine knapp südlich der Hauptstadt Chania in Stellung gegangene britische Flakbatterie (9,4-cm-Geschütze) ausschalten. Der Verband fliegt in schweres Abwehrfeuer hinein.
Ein Zugführer stirbt schon in der Luft, sein Stellvertreter wird durch Splitter im Gesicht schwer verwundet und kommt blind am Boden an. Genz landet am Rande eines Olivenhains, wirft das Glasdach des Seglers ab, springt als erster deutscher Soldat auf den Boden Kretas. Zwei Engländer richten aus fünf Metern Distanz ihre Karabiner auf den Offizier. Der schießt im Sprung das ganze Magazin seiner Maschinenpistole leer. Handgranaten wirbeln durch die Luft. Gewehrschüsse peitschen, Schreie, Explosionen, Feuerstöße.
Ein angeschossener Gleiter des Angriffsverbandes Genz rauscht mitten in die Flakbatterie hinein, donnert gegen ein Geschützrohr. Der erste Mann, der herausspringt, fällt durch zwei Pistolenschüsse eines britischen Offiziers. Ein Obergefreiter, der als nächster aus dem Segler-Wrack auftaucht, schleudert drei, vier Handgranaten in die Stellung der Geschützbedienung. Zehn Minuten später ist die britische Flakbatterie ausgelöscht.
Da ist der Obergefreite Alois Pfriemberger, einer der Männer des »Himmelfahrtskommandos« Genz. Alle Kameraden im Lastensegler sind tot oder schwer verwundet. Pfriemberger schleppt die Verletzten in Deckung, holt das MG, eine Maschinenpistole und alle Karabiner aus dem Gleiter. Allein besetzt er fünf, sechs Stellungen.
Fünf Lastkraftwagen mit britischer Infanterie rasen auf den Landeplatz zu. Auf 50 Meter Entfernung legt Pfriemberger mit dem MG los, schießt das Führungsfahrzeug ab, deckt die herabspringenden Soldaten mit MG-, MP- und Karabinerfeuer ein. Der Ein-Mann-Zug Pfriemberger, der abwechselnd aus neun Rohren feuert, schlägt den Angriff einer ganzen Kompanie ab.
Da ist der blutjunge Leutnant Hans Teusen. Mit 144 Mann seiner Kompanie springt er am zweiten Tag der Schlacht um Kreta in die »Hölle von Malemes« hinein: »Schon beim Anflug bekamen wir MG-Feuer in die Maschinen. Die Flugzeugführer der Ju 52 zogen etwas höher, und wir lagen daher verhängnisvollerweise beim Absitzen über den üblichen 110 bis 120 Metern über Grund. Am Schirm erhielten wir heftiges Abwehrfeuer von einem Gegner, der nicht auszumachen war. Starke Thermik ließ uns ungewöhnlich langsam fallen. Zeitweise standen wir buchstäblich in der Luft. Jetzt ist es aus! dachte ich und schloß die Augen. Später stellten wir fest, daß wir allein 25 Tote am Schirm hatten, die entweder in der Luft oder unmittelbar nach der Landung getroffen worden waren.
Den ersten lebenden eigenen Mann fand ich erst nach über 10 Minuten. Nach einer Stunde waren erst 20 bis 25 zusammen. Die meisten unserer Waffenbehälter waren verloren. Unter entsetzlichem Feuer versuchten wir unsere Verwundeten zu sammeln und zu versorgen. Das Feuer des Gegners, der von der Höhe herab auf uns schoß, war verheerend. Wir konnten uns kaum rühren...«
Da ist der Gefreite Zülsdorf, einer von Teusens verlorenem Haufen. Als die Reste der Kompanie nachts um 3 Uhr von dunkelhäutigen, mit krummen Messern bewaffneten Maoris aus Neuseeland angegriffen werden, deckt Zülsdorf mit seinem Maschinengewehr den Rückzug. Den Befehl zum rechtzeitigen »Abbauen« befolgt er nicht. Zülsdorf feuert wie ein Automat weiter. Am nächsten Morgen wird er von seinen Kameraden gefunden: Der Fallschirmjäger hängt über seinem MG. Um ihn herum liegen ein Dutzend Maoris und Berge von Patronenhülsen. Zülsdorf hat seinen gesamten Munitionsvorrat, 600 Schuß, verfeuert.
Wie waren Genz, Pfriemberger, Teusen und Zülsdorf auf die Insel Kreta gekommen? Wann und warum hatte die militärische Führung des Großdeutschen Reiches die Entscheidung gefällt, die schwer verteidigte Insel aus der Luft zu knacken?
»Unternehmen Merkur« war am 21. April 1941 in Hitlers Sonderzug auf dem Semmering-Paß (Österreich) geboren worden. Die treibende

Kraft bei der Semmering-Konferenz war zweifellos der General Student, jener ruhelose Organisator und geschickte Taktiker, den man das »Herz der deutschen Fallschirmjägerwaffe« nannte. Student sah England als den Hauptfeind an. Sein Blick war bereits auf Zypern und den Nahen und Mittleren Osten gerichtet. Am Tage zuvor hatte er Göring und dessen Luftwaffen-Generalstabschef Jeschonnek schon für seinen Plan gewonnen. Als Jodl und Keitel im Führerzug den Vorschlag machten, angesichts der militärischen Entwicklung in Nordafrika doch lieber erst Malta, jenen tödlichen Dorn im Fleisch des deutsch-italienischen Nachschubs, unschädlich zu machen, stand Students Kreta-Plan allerdings eine Stunde lang auf des Messers Schneide. Aber dann setzten sich die Argumente des Springer-Generals durch:

Wegfall der Bedrohung der lebenswichtigen rumänischen Erdölquellen von Ploesti durch auf Kreta stationierte britische Bomber;

Sicherung des östlichen Mittelmeers gegen britische Flottenoperationen;

Bedrohung der englischen Basen in Ägypten, vor allem des großen Stützpunktes der Royal Navy in Alexandria;

Schaffung einer deutschen Absprungbasis für Angriffsoperationen gegen Zypern sowie Palästina.

Am 25. April befahl Hitler per Führerweisung Nr. 28 den Angriff auf Kreta. Wie wir heute wissen, war dies eine falsche, eine verhängnisvolle strategische Entscheidung. Wichtiger und notwendiger wäre das Ausschalten der Mittelmeer-Festung Malta gewesen...

Hauptträger des Transports von Menschen und Material nach Kreta waren die altbewährten „Arbeitspferde" der Luftwaffe, die robusten Wellblechflugzeuge Ju 52. Mit der „guten alten Tante Ju" ließ sich einfach alles befördern: Fallschirmjäger, Kriegsgerät, Munitionskisten, Proviant, auch kleine Fahrzeuge wie dieses Motorrad, das auf dem Bild gerade entladen wird. Überhaupt war der Sieg über das 32.382 Mann starke englische Expeditionskorps in Kreta nur möglich durch den rollenden Einsatz der Luftwaffe, die nicht nur die Nachschubversorgung sicherstellte, sondern auch die britischen Seestreitkräfte vor Kreta vertreiben konnte.

Wie sah nun die deutsch-englische »Schlachtordnung« für das Duell um Kreta aus?
Die Deutschen stellten rund 15 000 Springer der 7. Fallschirmjägerdivision, 8500 Gebirgsjäger der 5. Gebirgsdivision und 700 Kradschützen der 5. Panzerdivision, insgesamt 24 200 Mann, bereit. Die »Luftbrücke« von Griechenland nach Kreta sollten zehn Transportgruppen mit 539 dreimotorigen Ju 52 und 300 Lastenseglern bilden. Als Luftdeckung und »fliegende Artillerie« waren 270 Bomber, 150 Stukas, 90 Jagdflugzeuge, 90 Zerstörer und 60 Aufklärer zusammengefaßt worden. Oberbefehlshaber des Unternehmens war der Chef der Luftflotte Südost, Generaloberst Löhr, in Athen, das XI. Luftlandekorps befehligte Student, die 7. Fliegerdivision (Fallschirmjäger) unterstand Generalleutnant Süssmann (er fiel bereits in der ersten Angriffsstunde), die Gebirgsjäger kommandierte der bärtige Generalmajor Ringel, und die fliegenden Kampfverbände führte der Stuka-Experte von Richthofen.
Kretas Verteidiger, Generalleutnant Bernard Freyberg (ein Haudegen aus Neuseeland, der im Krieg 27mal verwundet wurde und später, bei Cassino, den deutschen Fallschirmjägern erneut gegenüberstehen sollte), kommandierte 32 382 englische Soldaten und 10 258 Griechen. Sein Arsenal enthielt 32 schwere und 36 mittlere Flak, 77 Pak, 59 Feldgeschütze und 30 Panzer.
Die Briten verfügten über keinen Luftschirm und litten unter Munitionsmangel. Dafür hatten sie jedoch vorzüglich getarnte Stellungen angelegt, und Freyberg verließ sich darauf, daß ihn die glorreiche Royal Navy, wenn es zum Schlimmsten käme, auf jeden Fall heraushauen würde.
Andererseits war die taktische Situation der Deutschen schlechter, als sie dachten: Der Geheimdienst des Admirals Canaris hatte, gelinde ausgedrückt, glatt versagt. In seinen Aufklärungsberichten sprach er von maximal 12 000 bis 15 000 Engländern auf Kreta.
Noch schlimmer: Der deutsche Luftlandeangriff war von den Briten bereits in der Vorbereitungsphase erkannt worden, und Freyberg war überzeugt, daß sich vom 17. Mai an stündlich die ersten

Bilder oben: Eben abgesprungene Fallschirmjäger pirschen landeinwärts vor und richten sich in einem ausgetrockneten Wasserlauf zur Verteidigung ein.

Bild rechte Seite: Eine bei Rethymnon an der Nordküste Kretas eingeschlossene deutsche Kampfgruppe hat nach Ausfall des Funkgeräts keine Verbindung mit der Führung mehr. Mit weißen Steinen und Muscheln, die sie am Strand zusammengesammelt haben, signalisieren die Fallschirmjäger der Luftwaffe ihre Wünsche (Brauchen Waffen-Dring. Verpflegung-Funkfrequenz 4470 khz-Flakrohr-Lage?). Die weißen Striche am Ufer sind Tücher, die für den Abwurf ausgebreitet wurden.

deutschen Fallschirme über der Insel entfalten könnten. Er hatte sogar den Schwerpunkt der deutschen Invasion vorausgesehen:
Im Westteil der Insel, um Malemes und die Hauptstadt Chania, lag das Gros der britischen Verteidiger. Genau aber dort sollten am Morgen des ersten Angriffstages die deutsche West-Gruppe mit dem Fallschirmjäger-Sturmregiment unter Generalmajor Meindl und die Fallschirmjäger der »Gruppe Mitte« unter Generalleutnant Süssmann springen oder in Lastenseglern niedergehen. Jene 4000 Mann also, deren Start im Morgengrauen das Unternehmen einleitete. Bernard Freyberg, der Eisenfresser aus dem fernen Kiwi-Land, braucht tatsächlich nur drei Tage zu warten. Am 20. Mai 1941 schlägt den Deutschen und Briten auf Kreta die Stunde:

4.30 Uhr: Start der deutschen Transport-Verbände, Anflug in 700 Meter Höhe über dem Meer.
6.00 Uhr: Deutsche Bomber und Zerstörer greifen Verteidigungsstellungen um Malemes, Chania sowie Rethymnon und Heraklion (hier soll am Nachmittag die zweite deutsche Angriffswelle in Stärke von ebenfalls 4000 Mann abgesetzt werden) mit Bomben und Bordwaffen an. Sie treffen zumeist die Scheinstellungen der Engländer.
6.50 Uhr: Über Malemes und Chania heulen die »Jericho«-Sirenen der Stukas auf; 20 Minuten lang geht ein Bombenregen auf die Landezonen der deutschen Fallschirmjäger-Armada nieder.
7.15 Uhr: Lastensegler und Transportflugzeuge tauchen über den Absetzplätzen auf. Sprunghöhe: 150 Meter über Grund! Der Angriff beginnt. Aber die

Verteidiger sind bereit: Rasendes Abwehrfeuer empfängt Students Elitetruppen.
Generalmajor Meindl, der Führer der Angriffsgruppe West und Kommandeur des Sturmregiments, geht nach geglückter Fallschirmlandung gegen ein Flußbett vor. Eine MG-Garbe erfaßt ihn und seine Männer: Der Adjutant fällt, Meindl liegt mit Oberarm-, Brust- und Bauchschüssen schwerverletzt im Sand. Der Major Braun aus Meindls Regimentsstab fällt durch Kopfschuß, noch bevor er den Lastensegler verlassen kann. Der Obergefreite Werner Kurrat vom IV. Bataillon landet zwischen zwei feuernden englischen MG-Nestern, kommt irgendwie vom Schirm los, wirft zwei Handgranaten, wird von einer langen MG-Garbe eingedeckt – und stellt sich tot. Zwei Stunden lang liegt er regungslos 20 Meter vor dem glühenden Lauf eines Vickers-Maschinengewehrs, bevor ihn eine geballte Ladung in die englische Stellung heraushaut. Furchtbar zugerichtet wird das III. Bataillon des Sturmregiments: Von 580 eingesetzten Fallschirmjägern fallen in den nächsten Stunden 250 Mann, 115 werden verwundet, 135 vermißt.
Die meisten Fallschirmjäger fallen nicht, wie lange geglaubt wurde, am Fallschirm, sondern unmittelbar nach der Landung. 80 Sekunden dauert das Lösen des Gurtzeuges mindestens, und viele werden bei der Suche nach den Waffenbehältern niedergestreckt.
Der deutsche Fallschirmjäger des Jahres 1941 landet nämlich fast waffenlos im Feind. Am Körper führt er beim Absprung – neben zwei Hartwürsten, einem Rollschinken, Schoka-Cola und einer Packung Pervitin-Tabletten – lediglich eine Armee-Pistole vom Typ 08 mit zwei Magazinen, einen Patronengurt mit 108 Schuß Karabiner-Munition, Kapp-Messer und bis zu acht Handgranaten; Karabiner, MPs und MGs werden gesondert in Waffenbehältern abgeworfen. An diese Waffenbehälter aber kommen viele Fallschirmjäger in der entscheidenden Frist unmittelbar nach der Landung, vom rasenden Feindfeuer an den Boden genagelt, einfach nicht heran. Sie müssen mit Pistolen gegen Maschinengewehre und Geschütze vorgehen! Bei

40 Grad Celsius halb verdurstet, kämpfen die deutschen Fallschirmjäger um die Mittagsstunde nur noch um das nackte Überleben. Der Flugplatz Malemes und die ihn beherrschende Höhe 107 – die Hauptangriffsziele der Gruppe Meindl – fallen nicht! Bei Rethymnon und Heraklion hebt sich am Nachmittag der Vorhang über dem zweiten Akt des Dramas:
15.15 Uhr: 50 Stukas greifen nach Angriffsplan pünktlich die Absetzräume der Angriffsgruppen Mitte und Ost an. Aber die Fallschirmjäger kommen nicht! Bruchlandungen, Tankpannen und Zusammenbrüche in der deutschen Bodenorganisation auf den griechischen Absprunghäfen verzögern den Start der Transportflugzeuge um drei Stunden. Verzettelt und zusammenhanglos fliegen die Maschinen schließlich in kleinen Gruppen ihre Ziele an. Weit auseinandergezogen landen die Angriffsverbände der Fallschirmjägerregimenter 1 und 2 unter hohen Verlusten. Über Rethymnon werden 15 Transporter abgeschossen, zwei stoßen in der Luft zusammen. Die Operation bleibt stecken.

Die Nacht der Entscheidung bricht an. Um 3.00 Uhr morgens besetzen Fallschirmjäger des Sturmregiments kampflos die Schicksalshöhe 107. Die Engländer – ein verhängnisvoller taktischer Fehler! – haben sie unbemerkt geräumt. Wenige Minuten später funkt die Kampftruppe Malemes an das Hauptquartier in Athen: »Munition wird knapp. Truppe bald ausgeschossen!« Aber die Truppe steht dennoch schon am Rande des Flugplatzes Malemes. In diesen Nachtstunden verspielt der Haudegen Freyberg seine große, seine entscheidende, seine letzte Chance: Sein Gegenangriff kommt nicht! Dafür landet kurz nach Sonnenaufgang ein tollkühner Flugzeugführer seine mit drei Tonnen Munition beladene Ju 52 auf dem Strand bei Malemes. Unter schwerem Artilleriefeuer entkommt er mit einer Landung Verwundeter an Bord. Wenige Minuten später trifft die britischen Verteidiger der zweite Schlag: Ein zusammengewürfeltes Fallschirmjägerbataillon unter dem später zur Legende gewordenen Oberst Ramcke (550 Mann) springt unweit Malemes ab. Keine Verluste – ein Wunder!

In einer »stillen Ecke« des nach wie vor von Granaten überschütteten Flugplatzes landen drei Zerstörer vom Typ Me 110. Fallschirmjäger bringen den Kettenführer auf die Höhe 107 hinauf und weisen ihn auf eine glänzend getarnte britische Batterie ein. 30 Minuten später starten die Zerstörer und kämpfen die englischen Geschütze in drei Anflügen nieder.
Die Zeit beginnt gegen Freyberg zu arbeiten: Nach einem verheerenden Stuka-Angriff auf das Dorf Malemes werden die qualmenden Trümmer des Ortes nachmittags, 17.30 Uhr, von den Fallschirmjägern des Sturmregiments genommen.
Auf dem Flugplatz sind inzwischen die ersten Soldaten des Gebirgsjägerregiments 100 gelandet. Der Platz verwandelt sich in einen Flugzeugfriedhof: brennende Ju 52, explodierender Treibstoff, in den Staub gewalzte Waffen. Immer noch feuert Freybergs Artillerie aus allen Rohren.
Unbemerkt hat sich in diesen Stunden, nur wenige Kilometer von Malemes entfernt, das Schicksal einer Fallschirmjäger-Sanitätskompanie unter dem

Alle deutschen Anstrengungen mußten sich darauf konzentrieren, einen der kretischen Flugplätze in die Hand zu bekommen. Das gelang am 21. Mai 1941 bei Malemes nach schweren Gefechten mit britischen und neuseeländischen Einheiten. Nach der Einnahme von Malemes besserte sich die Lage der deutschen Truppen auf Kreta zusehends. Am 25. Mai konnte eine ganze Luftlandedivision auf dem Flugplatz abgesetzt werden. Bilder rechte Seite: Fallschirmjäger mit MP und Flammenwerfer im Kampf um den Flughafen Malemes. Bild links: Durchsuchung gefangener Briten nach dem Kampf.

Oberarzt Dr. Hartmann vollzogen: In schwerstem Feuer, weit auseinandergezogen abgesetzt, landen die Sanitäter zwischen den englischen Feldstellungen bei Platanias. Die meisten fallen sofort. Dr. Hartmann verteidigt sich mit sieben Soldaten 150 Minuten lang in einem Wassergraben gegen die von drei Seiten anstürmenden Engländer. »Das sind die letzten zwei Patronen – dann ist es aus mit uns!« sagt der Oberarzt zu dem Unteroffizier Sieber. Hartmann feuert die beiden letzten Schüsse ab und bricht dann mit einem Kopfschuß tot zusammen.

»Ich warf meine letzten zwei Handgranaten«, berichtet Sieber später. »Dann stürmten die Engländer von allen Seiten auf mich los. Verwundet geriet ich in Gefangenschaft und wurde nach Chania gebracht.«

Jetzt setzt die Schlacht um den Nachschub ein. Am Abend des dritten Kampftages werden 123 zusammengeschossene und zu Bruch gegangene deutsche Transportflugzeuge den Flugplatz und den schmalen Strand bedecken.

Verzweifelt erwarten in dieser zweiten Nacht die furchtbar dezimierten Reste der deutschen Angriffsverbände die angekündigte Verstärkung über See. Aber die aus 63 requirierten griechischen Motorseglern bestehenden beiden Schiffsstaffeln mit mehreren tausend Gebirgs- und Fallschirmjägern kommen nicht an.

Zwischen Mitternacht und Morgengrauen hatte, weit draußen auf See, die beiden deutschen Nachschubverbände das Schicksal ereilt. Britische Kreuzer und Zerstörer hatten die Nußschalen, aus der Dunkelheit heraus, plötzlich angegriffen und durch Artilleriefeuer und Rammstöße zwölf überladene Motorsegler in den Grund gebohrt. Der tapfere Einsatz der beiden italienischen Torpedoboote »Lupo« und »Sagittario« hatte das Schicksal nicht wenden können. Über 300 deutsche Soldaten ertranken.

Der Fallschirmjäger Josef Würz von der 1. Kompanie des Fallschirmjäger-Pionierbataillons 2 mußte die Tragödie auf See im Blitzlicht explodierender Leuchtgranaten hilflos mit ansehen. Unmittelbar vor dem Angriff hatte die griechische Schiffsbesatzung den Motor seines Kutters gesprengt. Sabotage! »Wir konnten nicht schießen, wir konnten nicht helfen. Wir konnten nur in ohnmächtiger Wut die Fäuste ballen«, berichtet Würz. »Einer meiner besten Kameraden wurde nach 16 Stunden tot im Meer treibend gefunden. 60 Mann meiner Kompanie ertranken. Die Überlebenden wurden nach Athen zurückgebracht. Dann flogen wir nach Kreta. Dort erlebten wir nur noch die Säuberungsaktionen der letzten Tage.«

Bis zum Ende der Schlacht blieben die Deutschen auf Kreta auf die Versorgung aus der Luft angewiesen. Englands tapfer kämpfende Flotte verhinderte im Bombenregen deutscher Stukas jeden Nachschub auf See. Sie bezahlte ihren Einsatz mit dem Verlust von drei Kreuzern und sechs Zerstörern, der Beschädigung von drei Schlachtschiffen, einem Flugzeugträger, sechs Kreuzern und fünf Zerstörern sowie dem Tod von über 2000 Seeleuten. Den Fall der Insel konnten Nelsons Erben jedoch nicht verhindern. Gegen die deutsche Luftüberlegenheit war nichts zu machen.

In Deutschland aber weiß man zu dieser Zeit immer noch nicht, was auf Kreta geschieht. Erst am 25. Mai, fünf Tage nach Beginn der Schlacht, meldet der Wehrmachtsbericht zum ersten Mal, daß auf der Mittelmeer-Insel gekämpft und gestorben wird. Da sind die Fallschirmjäger und Gebirgsjäger (sie werden von den Springern als »Lebensretter« gefeiert) allerdings bereits im Vormarsch nach Osten.

Am 27. Mai, 16.15 Uhr, wird die Hauptstadt Chania von den Resten des Fallschirmjäger-Sturmregiments kampflos genommen. 300 gefangene deutsche Fallschirmjäger werden aus dem Zuchthaus befreit.

Erst Malemes – und jetzt Chania! Aber das Sturmregiment hat furchtbar bluten müssen: 749 Fallschirmjäger fehlten beim Appell – tot oder vermißt!

Verfolgt von deutschen Gebirgsjägern und Kampffliegern fliehen die Briten über den einzigen Paß des Zentralmassivs zur Südküste der Insel. Nur ihre Flotte kann sie noch retten. Die Disziplin der Army bricht zusammen, aber die Navy kommt: Seit Norwegen und Dünkirchen verstehen sich die Briten

Nach schweren deutschen Luftangriffen fielen am 27. Mai Chania und der nahegelegene Flottenstützpunkt Suda-Bai in deutsche Hand. In der Nacht zum 29. Mai 1945 begann Freyberg mit der Evakuierung, während die Deutschen zur Sicherung ihrer neuen Eroberung übergingen (Bild rechts: der ausgebrannte Kreuzer „York“ in der Suda-Bai; Bild ganz oben: Flak-Stellung auf der Straße nach Chania). 17000 britsche Soldaten wurden eingeschifft und nach Alexandria gebracht, wo sie zur Verstärkung der ägyptische Front gegen Rommel hochwillkomenn waren. Bild oben: Massengrab für deutsche Fallschirmspringer. Der Kampf um Kreta forderte auf beiden Seiten hohe Verluste. Die Briten hatten 17754, die Deutschen 6550 Tote, Verwundete und Vermißte zu beklagen.

auf Rückzüge über See. Und auch diesmal bringt es die Royal Navy fertig, 17 000 zu Tode erschöpfte Landsleute und Griechen den Deutschen vor der Nase wegzuschnappen. Der Rest ist Geschichte:
Am 30. Mai werden die bei Rethymnon eingeschlossenen deutschen Fallschirmjäger entsetzt. Am gleichen Tage fällt auch Heraklion. Am 31. Mai müssen die Briten angesichts ihrer schweren Schiffsverlust die Rettungsaktion einstellen. Gebirgsjäger des Regiments 100 tauchen am Strand des britischen Evakuierungshafens Sfakia auf und machen noch mehrere tausend Gefangene. Kreta ist in deutscher Hand.
Der Preis für diesen Sieg aber war furchtbar: 1869 Tote, 2643 Verwundete, 1856 Vermißte, insgesamt 6368 Mann. Die Fallschirmjäger hatten rund 40 Prozent ihrer Angriffsstärke verloren, die Gebirgsjäger etwa 10 Prozent. Hitler und seine Generale waren entsetzt. Das Wort vom »Schwanengesang der deutschen Fallschirmjägerwaffe« kam auf.
Und, tragische Ironie: Der von den Fallschirmjägern erkämpfte Sieg wurde von der deutschen Führung nicht ausgenutzt. Kreta spielte in der Folgezeit im Kampf um das Mittelmeer keine Rolle. Es wurde weder zur Basis deutscher Angriffe gegen Ägypten noch zum Ausganspumkt einer Offensive gegen Zypern oder den Nahen Osten.

Einsätze im Osten

Der Luftkrieg im Osten begann schon lange, bevor im Morgengrauen des 22. Juni 1941 die deutschen Armeen über Pruth, Bug, Njemen und Memel ostwärts stürmten, und zwar im Reichsluftfahrtministerium in Berlin. Dort fragte Anfang März der General Rüdel mehr beiläufig seinen eben vom Urlaub zurückgekehrten Chef, den Staatssekretär Feldmarschall Erhard Milch, ob er mit der Weisung einverstanden sei, für den neuen Feldzug keine Winterbekleidung zu beschaffen.
Milch fiel aus allen Wolken. »Was für ein neuer Feldzug?« fragte er verdutzt. »Na, der nach Rußland!« erwiderte Rüdel.
Milch wußte noch nichts davon. Erregt bat er Rüdel um weitere Informationen. »Wir haben Befehl«, berichtete der, »einen Feldzug gegen Rußland vorzubereiten, der vor Einbruch des Winters beendet zu sein hat.«
»Vollkommen verrückt!« war Milchs Kommentar.
General Rüdel mahnte zur Vorsicht; die Ansicht, daß der Feldzug noch vor dem Winter beendet sein werde, komme von allerhöchster Stelle. Deshalb weigerten sich ja auch der Luftwaffengeneralstab und insbesondere der Generalquartiermeister von Seidel, die Verantwortung für die Beschaffung von Winterbekleidung zu übernehmen.
Diese Verantwortung werde er gern auf sich nehmen, knurrte Milch, denn daß ein Krieg gegen Rußland etliche Jahre und folglich etliche Winter dauern werde, das sei ja wohl klar. Und Milch befahl, für eine Million Luftwaffensoldaten je vier Garnituren wollene Unterwäsche herzustellen, je fünf Paar wollene Strümpfe, dazu Filzstiefel und Schafsfellmäntel.

So kam es, daß die Flieger die einzige Kampftruppe waren, die, als der Winter kam, nicht fror – die Heeresleitung hatte an der aberwitzigen Fiktion festgehalten, Rußland könne in einem Sommer-Blitzfeldzug niedergeworfen werden, und hatte lediglich die als Besatzung für das besiegte Land vorgesehenen Divisionen wintergemäß ausgerüstet.
War dieser erste Akt der Vorbereitung des Luftkriegs im Osten versorgungstechnischer Art, so war der zweite Akt schon ein echter Einsatz: Die Luftwaffe begann – eine Premiere in der Kriegsgeschichte – Höhenaufklärung zu fliegen.
Den Befehl dazu hatte, strikt geheim, Hitler schon im Oktober 1940 erteilt: Der damalige Oberstleutnant Rowehl bekam den Auftrag, Fernaufklärungsverbände aufzustellen, um aus großer Höhe den westrussischen Raum aufzuklären. Hitler zu Rowehl: »Die Höhe muß so außergewöhnlich sein, daß die Sowjets nichts merken!«
Es war eigentlich eine Notmaßnahme: Mit den herkömmlichen Methoden der Spionage, das hatte sich gezeigt, war gegen Rußland nicht viel auszurichten; ganz offen, aus normaler Höhe, Luftspionage zu treiben, verbot sich zum einen wegen des Paktes mit der Sowjetunion, zum anderen deshalb, weil es galt, die Kriegsvorbereitungen tunlichst zu verschleiern.
In aller Eile wurden eine Anzahl Bomber für diesen Zweck umgebaut, sie bekamen spezielle Höhenmotoren, Druckkabinen, die Bombenschächte dienten zur Aufnahme der neuesten Bildgeräte.
Und dann, gegen Ende des Winters, ging's los: Das »Geschwader Rowehl« begann seine Geheimflüge. Die 1. Staffel und die 2. Staffel waren in Ostpreußen, in Seerappen und Insterburg, stationiert; sie flogen umgebaute He 111 und Do 215 B-2, die Höhen um 9000 Meter erreichten. Aufgeklärt wurde von hier aus Weißrußland und

Während des Rußlandfeldzuges 1941-1944 trat die Luftwaffe beim Vormarsch wie beim Rückzug überwiegend als Hilfswaffe des Heeres in Aktion. Auf dem Bild links legt eine Bodentruppe bei einer Angriffsoperation in der russischen Steppe ein Signaltuch für die deutschen Flieger aus.

Bild rechte Seite: Die „fliegender Bleistift" genannte Dornier Do 17 stand zu Beginn des „Unternehmens Barbarossa" bereits im Veteranenalter. Dennoch konnte die Luftwaffe auf diesen Bomber und Fernaufklärer bis Ende 1942 im Osten nicht verzichten. Die letzten Einsätze flogen Maschinen des Kampfgeschwaders 53 mit kroatischen Besatzungen im Kampf um Stalingrad.

Zu den Bildern oben und links lieferte die deutsche Propagandaillustrierte „Signal“ die folgende Originalunterschrift: „Flach auf dem Boden liegend glotzt es dich an, grinsend mit breitem Maul, unter dem Schädeldach zwei mächtige Flügel...was von hinten gesehen wie ein Fabelwesen wirkt,ist von oben betrachtet eine Me 109, die zum Schutz gegen Splitterwirkung in eine Senke gerollt und von Erdwällen umgeben worden ist.“ Bild rechte Seite: ein durch Stuka-Volltreffer zerborstener sowjetischer Panzer.

der Raum der baltischen Staaten bis hinauf zum Ilmensee. Die 3. Staffel operierte von Bukarest aus über den Gebieten nördlich des Schwarzen Meeres, eine vierte Staffel flog von Krakau und Budapest bis in den mittelrussischen Raum um Minsk und Kiew. Bei dieser Staffel wurden modifizierte Ju 88 geflogen, die bis zu 12 000 Meter Höhe schafften, eine für 1941 sensationelle Höhe.

Deshalb ging auch alles gut, die Russen merkten nichts. Und die Luftwaffenpiloten, die da einzeln und einsam durch den russischen Himmel zogen – ein ganz neues Fluggefühl –, brachten erstaunliche Bilder heim: Auf allen Flugfeldern in Westrußland, auch auf den gutgetarnten Feldflugplätzen der Jäger in Grenznähe, stand Flugzeug neben Flugzeug.

Diese Aufklärungs-Ergebnisse bescherten der Luftwaffe – und damit der deutschen Wehrmacht – eine einmalige Chance: die Möglichkeit, die Masse der sowjetischen Luftwaffe gleich zu Beginn des Feldzuges am Boden zu zerschlagen.

Das war auch nötig. Die deutsche Luftwaffe, in den ersten anderthalb Kriegsjahren vom Erfolg verwöhnt und in aller Welt gefürchtet, war Mitte 1941 schon nicht mehr in allerbester Verfassung.

Deshalb war der erste Schlag entscheidend, und es gab einiges Gerangel darum, wie er zu führen sei: Für das Heer kam als Angriffszeitpunkt nur das sogenannte erste Büchsenlicht in Frage, daher war der Angriff auf 3.15 Uhr angesetzt. Würde die Luftwaffe erst später losfliegen, mußte sie fürchten, den Gegner bereits in der Luft anzutreffen. Würde die Luftwaffe statt dessen früher angreifen, wäre dem Angriff am Boden das Überraschungsmoment genommen. Wer die Lösung schließlich fand – General von Richthofen, General Loerzer oder Oberst Mölders –, ist nicht überliefert. Sie lautete: »Wir machen es wie die Fernaufklärer – wir schleichen uns so hoch wie möglich und auf Umwegen über möglichst unbewohnte Gebiete, Sümpfe und Wälder an unsere Ziele heran, so daß wir genau zum Angriffstermin da sind.«

So geschah es. Kleine Gruppen von 3-5 Bombern mit im Nachtflug erfahrenen Besatzungen mogeln sich in der Nacht zum 22. Juni über die Grenze, jeder ist ein russischer Feldflugplatz als Ziel zugewiesen, und fast alle finden ihr Ziel. »Wir trauten unseren Augen kaum«, so schildert Hauptmann Hans von Hahn, Gruppenkommandeur beim Jagdgeschwader 3, seinen Eindruck, »alle Rollfelder dick voller Bomber, Jäger und Aufklärer wie zur Parade in langen, ausgerichteten Reihen!«

Dazwischen hagelten nun riesige Schauer von 2-kg-Splitterbomben und verwandelten den größten Teil der sowjetischen Luftwaffe in Schrott. Selbst die Begleitjäger der Bomber beteiligten sich an dem Zerstörungswerk und jagten mit hämmernden Bordwaffen im Tiefflug an den Reihen der geparkten Flugzeuge entlang. Als am Abend, nach insgesamt 2272 Einsätzen, geflogen von rund 1700 Maschinen, nachgezählt und addiert wird, kommt man auf eine Zahl von 1811 vernichteten sowjetischen Flugzeugen, davon 1489 am Boden zerstört, 322 von Jägern und Flak abgeschossen. Die eigenen Verluste an diesem ersten Kriegstag gegen die Sowjetunion: 35 Maschinen. Luftwaffenchef Göring kommt diese Zahl so phantastisch vor, daß er eine Prüfungskommission losschickt, die tagelang die ausgeglühten Wracks zählt und am Ende herausbringt, daß sogar mehr als 2000 sowjetische Flugzeuge bei diesem ersten Schlag abgeschossen oder zerstört worden waren.

Es war dieser erste, sorgsam vorbereitete und brillant ausgeführte Schlag, der den rasanten Vormarsch der deutschen Armeen in bestem Blitzkriegsstil überhaupt ermöglichte: Nur wer die absolute Luftherrschaft hat, kann in diesem Stil vormarschieren. Und für eine Frist von rund 90 Tagen sicherte der vernichtende Eröffnungsschlag die totale Luftherrschaft. Die Luftwaffe war frei für die Aufgabe, die Bodentruppen zu unterstützen, ihnen den Weg freizubomben, wo es nötig war. Wie anders die Sache ausgesehen hätte, wäre dieser Schlag nicht gelungen, ist an einer Zahl abzulesen: In der Zeit vom 22. Juni bis zum 19. Juli verlor die deutsche Luftwaffe 1284 Maschinen, teils durch Abschuß – die russische leichte Flak erwies sich als recht gut –, zum größten Teil durch Beschädigung; bereits nach sieben Tagen Ostfeldzug war die Einsatzstärke der Luftwaffe auf 960 Maschinen geschrümpft, erst Anfang Juli stieg sie wieder auf knapp über 1000 an. Das alles, obwohl die russische Luftwaffe zusammengeschlagen war.

Man kann sich leicht ausrechnen, was geschehen wäre, wenn die Sowjetluftwaffe sich dem Angreifer intakt hätte entgegenstellen können. Denn weder waren die russischen Flugzeuge schlecht noch die Piloten; das bewiesen die Reste auch in dieser ersten Phase, die, kein Spazierenfliegen war.

Überhaupt, geschlagen war die Sowjetluftwaffe durchaus noch nicht. Jäger hatte sie zwar kaum noch, aber Bomber waren noch da. Und sie kamen auch. Sie flogen ohne Jagdschutz, stur, Welle auf Welle, und versuchten, die vorstürmenden deutschen Panzerspitzen zu stoppen. Das gelang natürlich nicht, denn Sturzbomber hatten sie nicht, aber auch ihr Flächebombardement war unangenehm genug. Nun bekamen auch die deutschen Jäger zu tun. Das berühmte Jagdgeschwader 51 beispielsweise, unter Oberst Werner Mölders, verlegte

am 29. Juni seine Einsatzstaffeln auf Plätze gleich hinter den Spitzen der Angriffskeile, die nun beiderseits Minsks zur ersten Kesselschlacht des Ostfeldzugs eindrehten.
Das Schicksal der russischen Bomber, die am nächsten Tag wieder zu Hunderten gegen die Angriffsspitzen fliegen, ist damit besiegelt: Staffelweise, wie sie kommen, werden sie abgeschossen. Drei Jagdflieger des Geschwaders, darunter auch Geschwaderchef Mölders, erzielen an diesem 30. Juni je fünf Abschüsse; das Geschwader insgesamt verbucht 114 Abschüsse und erreicht damit als erstes die Zahl von 1000 Abschüssen (seit Kriegsbeginn).
Ganz ähnlich geht es weiter nördlich zu: Verzweifelt versuchen die Russen, die großen Dünabrücken zu zerbomben, um den rasanten Vorstoß der Panzergruppe 4 endlich zu stoppen. Hier ist es das JG 54 unter Major Trautloft, das die Russen daran zu hindern hat und hindert: 65 Sowjetbomber stürzen im Laufe des Tages brennend ab, keiner kommt an die Brücken heran, die unversehrt in deutsche Hand fallen.
So sieht es in den ersten Wochen des Feldzuges überall an der langen Front aus: Jäger halten – vorerst überaus erfolgreich – die Bomber und Schlachtflieger nieder, die Kampfflieger unterstützen die Bodentruppen.
Eines aber tut die Luftwaffe nicht: Sie greift die sowjetische Rüstungsindustrie nicht an, zerstört weder die Werke, noch hindert sie deren Verlagerung hinter den Ural.
Nachdem die sowjetische Rüstungsproduktion erst einmal hinter dem Ural lag, war sie für die deutsche Luftwaffe praktisch unerreichbar; aber in den ersten Wochen nach Beginn des Feldzuges arbeiteten die meisten Werke noch diesseits des Don, wären also, wenn auch knapp, mit massierten Bombenangriffen zu erreichen gewesen. Daß dies nicht versucht wurde, das sollte sich schon bald bitter rächen.
Etwa um die Mitte September herum begannen die Flieger, aber auch die Panzerleute und Infanteristen, sich zu wundern: So viele russische Flugzeuge die Jäger, die Luftwaffen- und Heeresflak auch heruntergeschossen hatten und weiter herunterschossen, es wurden

Mit Angriffen deutscher Sturzkampfbomber begann im September 1942 eine der großen Entscheidungsschlachten des Zweiten Weltkrieges, die Schlacht um Stalingrad. Die Bilderfolge oben dokumentiert (von links nach rechts) einen Stuka-Angriff auf das Industriewerk „Roter Oktober“: Ortung des Zieles auf einem Luftaufklärungsfoto; der Stuka-Pulk im Schlängelflug über der Stadt, um der Flak das Ziel zu erschweren; Sturzflug auf das Industriewerk; Rückflug nach Abwurf der Bombenlast.

Bild rechte Seite: die verheerenden Folgen eines Bombenangriffs auf die Öltanks in den „Balkas“, den Uferschluchten der Wolga bei Stalingrad.

nicht weniger, sondern nun von Tag zu Tag wieder mehr.
Wie ein Wunder erschien das aber eigentlich nur der deutschen Führung, die das Kräftepotential der Sowjetunion in ideologischer Verblendung vollkommen unterschätzte. Die Russen kurbelten, nachdem sie in der ersten Kriegswoche den größten Teil ihrer Luftwaffe eingebüßt hatten, unverzüglich (und ungestört) ihre Flugzeugproduktion zu Spitzenleistungen an. Im zweiten Halbjahr 1941 wurden an die Front ausgeliefert: 3160 Jagdflugzeuge, 1293 gepanzerte Schlachtflugzeuge und 1867 Bomber.
Diese Zahlen sprechen für sich: Sie übertreffen das, was die deutsche Luftwaffe im gleichen Zeitraum an Ersatz bekam, um ein Mehrfaches. Und da die Sowjets überdies (auch fern hinter dem Ural) in großer Zahl Piloten ausbildeten, und zwar gründlich, konnte es nicht ausbleiben, daß die deutsche Luftherrschaft zu zerbröckeln begann.
22. September: Der Kommodore des Jagdgeschwaders 54, Major Trautloft, fliegt an diesem Tag nicht selbst, sondern sieht sich das Einsatzgebiet seines Geschwaders aus einer Stellung in vorderster Front an: Leningrad. Schon seit zwei Wochen fliegt JG 54 Begleitschutz für Kampfverbände, die Leningrad angreifen.

Trautloft starrt gerade erst einige Augenblicke durch das Scherenfernrohr, in dessen stark vergrößernder Optik die Stadt zum Greifen nahe scheint, als neben ihm ein Sicherungsposten losbrüllt: »Achtung, Tiefflieger aus Richtung 10! Volle Deckung!« Aus allen Rohren schießend , fegen zwei Rotten »Ratas« über die vorgeschobene deutsche Stellung. Dreck spritzt hoch, überschüttet auch den Jagdflieger-Kommodore Trautloft, der im Grabeneck kauert.
»Verflucht noch mal«, schimpft Trautloft, als er wieder hochkommt und sich den Sand von der Uniform klopft, »wo bleiben denn unsere Jäger?!«
Damit sprach er aus, was auch die Landser in den Gräben fortwährend dachten. Die Antwort gab in diesem Fall der Artillerieleutnant, der Trautloft nach vorn geführt hatte: »Da oben, Herr Major«, erwiderte er grinsend und wies in die Höhe.
In der Tat, da oben, um die 6000 Meter hoch, tummelten sich eine ganze Menge Me 109 im klaren Spätsommerhimmel.
»Sie wissen doch, Herr Major«, sagte Trautlofts Einsatzoffizier, der den Kommodore auf den Ausflug an die Front begleitet hat, »das Korps hat ausdrücklich befohlen, daß alle einsatzfähigen Maschinen Begleitschutz für die Stukas fliegen müssen!«
Der Satz kennzeichnet ganz klar das Dilemma: Die Stukas (Ju 87), die an diesem Tag einen systematischen Angriff auf die vor Kronstadt liegende sowjetische Ostseeflotte beginnen, sind ein längst veralteter Typ: langsam, schwerfällig, leichte Beute für auch nur mäßig gute Jäger. Aber die Luftwaffe hat nichts Besseres, muß die Ju 87 weiter einsetzen, doch das geht nur, wenn man sie reichlich von Jägern schützen läßt. Das geschieht — aber es sind eben nicht genug einsatzbereite Jagdflugzeuge da, um außerdem noch den Kameraden am Boden die Ratas und Sturmowiks (Il-2, gepanzertes Schlachtflugzeug) vom Halse zu halten.

Was die Stukas vom Stukageschwader 2 »Immelmann« da in der Woche vom 22. bis zum 29. September machen, ist auch so noch ein gefährlicher und riskanter Einsatz. Denn die Rote Flotte ist gut geschützt, zusätzlich zur Bordflak der 2 Schlachtschiffe, 2 Kreuzer und 13 Zerstörer stehen rings um die Kronstädter Bucht an die 600 Rohre schwere Flak.

Die Stukas fliegen sehr hoch an – in einer Höhe von über 5000 Meter –, wo die Flak damals noch nicht recht hinreicht, über ihnen als Schirm die Jäger. Dann aber, über der Kronstädter Bucht, die winzig klein unten liegt, müssen sie hinein in das Flak-Inferno, das ihnen auch prompt entgegenschlägt, sobald die ersten oben abkippen. Dicht an dicht und fast senkrecht stürzen sie sich in die Feuerhölle hinunter – schutzlos.

Gleich am zweiten Tag erkämpfen die Stukas einen großen Erfolg: Bombe auf Bombe schlägt in das Schlachtschiff »Marat«. Das Schiff ist schon schwer angeschlagen, als ein Stuka es noch einmal mit einem Volltreffer mittschiffs erwischt — die »Marat« bricht auseinander und sinkt. Der Name des Flugzeugführers, der die entscheidende Bombe ins Ziel brachte: Oberleutnant Hans-Ulrich Rudel.

An einem der nächsten Tage wird der Kommandeur der III. Gruppe des 2. Stukageschwaders, Hauptmann Steen, im Sturz von einer Flakgranate getroffen. Mit schwarzer Rauchfahne stürzt er weiter, kann die schwer beschädigte Maschine nicht mehr abfangen. Aussteigen im Sturz ist auch unmöglich. Und so schmettert Hauptmann Steen seine Ju 87 samt Bomben, Sprit und sich selbst auf den schweren Kreuzer »Kirow«.

Nach einer Woche ist die Rote Flotte in Kronstadt weitgehend zusammengeschlagen, der Einschließungsring um Leningrad geschlossen, und schon wird das VIII. Fliegerkorps, zu dem auch das Stukageschwader 2 gehört, dringend woanders benötigt: 1000 Kilometer weiter südlich. Dort zeichnet sich die größte Kesselschlacht aller Zeiten ab, die Kesselschlacht um Kiew.

Noch ist der gigantische Kessel längst nicht zu, noch klafft im Osten und Nordosten eine breite Lücke, durch die Straßen und Bahnlinien führen – lebenswichtige Nabelschnur der um Kiew von Einschließung bedrohten Sowjetarmeen. Der Luftwaffe fällt die Aufgabe zu, diese Armeen abzunabeln, die Lücke so lange aus der Luft abzuriegeln, bis sich der Kessel auch am Boden schließt.

Die Luftwaffe schafft es, hier zum ersten und einzigen Male. Bewerkstelligt wird die Abriegelung des Schlachtfeldes durch nun wirklich »rollenden Einsatz«: Tag um Tag, Stunde um Stunde werden Straßen und Bahnlinien abgeflogen, herankommende oder herausgehende Transporte zerbombt und zerschossen. Die Russen entwickeln erstaunliche Fähigkeiten, zerstörte Bahnlinien wieder befahrbar zu machen, doch das nützt ihnen nichts: Kaum ist eine Strecke notdürftig hergerichtet, ist die Luftwaffe schon wieder da, an derselben oder einer anderen Stelle, und wieder geht nichts mehr.

Es war eine Glanzleistung, wenn auch eine umständliche: Wirksamer und ökonomischer wäre es gewesen, die Verschiebebahnhöfe und andere Verkehrsknoten mit massiven Bombenteppichen so zu zerstören, so daß sie für lange Zeit unbrauchbar blieben; doch für derart massive Einsätze war die Luftwaffe schon nicht mehr stark genug.

Im Spätherbst ist es dann ganz aus: Es kommt der Schlamm, die Graspisten der Feldflugplätze werden grundlos, immer mehr Maschinen gehen ganz ohne Feindeinwirkung zu Bruch, und Nachschub – Ersatzteile, Austauschmotoren – kommt auch kaum noch nach vorn. Das liegt teilweise am Schlamm, bezüglich der Motoren aber auch daran, daß die Produktion mit dem Bedarf nicht Schritt hält.

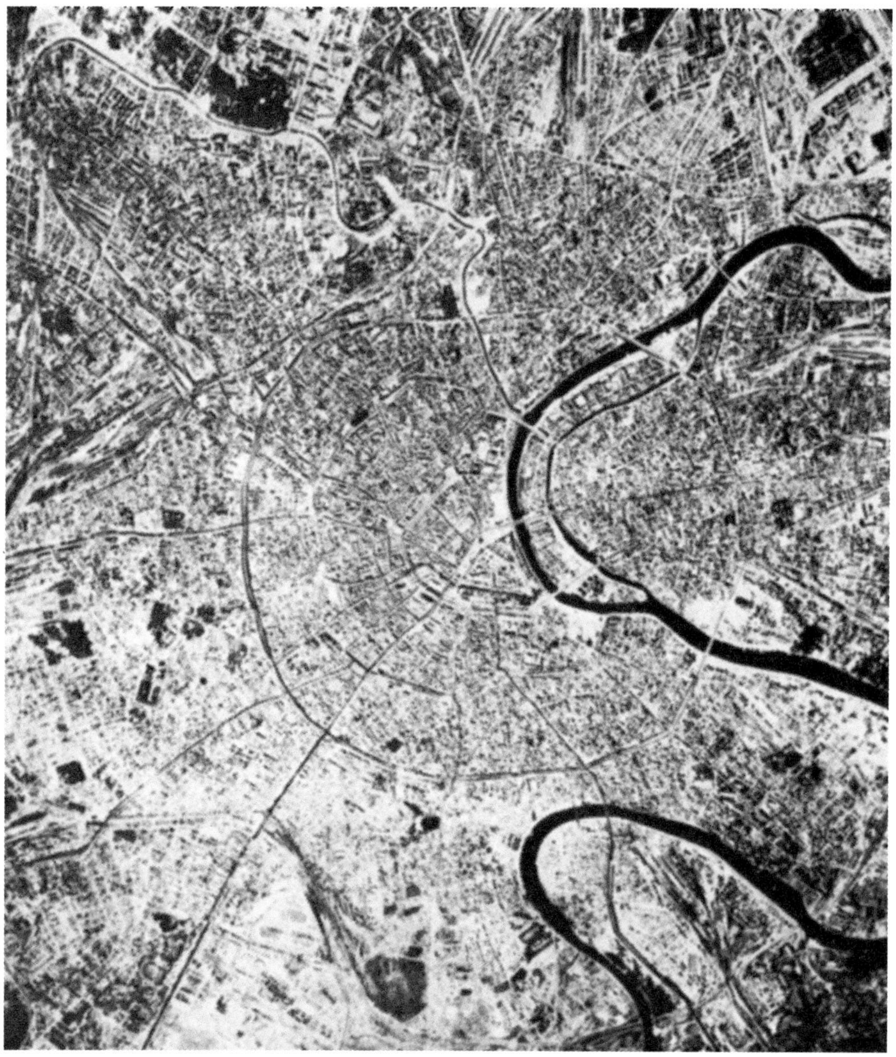

Die Einsatzstärke geht rapid zurück, viele Gruppen bei den Kampf- und Jagdgeschwadern haben nur noch drei oder vier einsatzfähige Maschinen statt 40. Und dann kommt der Frost. Zwar frieren die Flieger dank Feldmarschalls Milch eingangs geschilderter Voraussicht weit weniger als alle anderen. Es gibt sogar einige Winterausrüstungen technischer Art, auch Kaltstartverfahren für die Flugmotoren (die allerdings gleich durch die simple russische Methode – Ölverdünnung mit etwas Benzin – ersetzt werden), aber der Fuhrpark der Luftwaffe liegt bei Temperaturen um minus 20 Grad zu mehr als 80 Prozent lahm, denn da hält man sich an die einschlägigen Dienstvorschriften, und die sind den russischen Temperaturen noch nicht angepaßt.

So leidet auch die Luftwaffe schwer unter der mangelhaften Wintervorbereitung. Trotzdem fliegt sie, unterstützt so gut es geht die letzte Offensive des Jahres 1941, die sich bis auf Sichtweite an Moskau heranquält.

Ende November 1941 standen die Spitzen der Heeresgruppe Mitte kurz vor Moskau - die größte Annäherung von nur 8 Kilometern erreichte ein Erkundungstrupp des Panzerpionierbataillons 62 bei Chimki. Vor der russischen Gegenoffensive, die am 5. Dezember losbrach, bombardierte die Luftwaffe noch strategisch wichtige Ziele in der sowjetischen Hauptstadt, die zuvor von Aufklärern geortet worden waren. Bild rechts: Einsatz der Bordkamera. Bild linke Seite: die bei dem Aufklärungsflug gewonnene Luftaufnahme von Moskau. Bild oben: Piloten bei der Bildauswertung.

Es fliegen auch noch ein paar Fernaufklärer, die in der zweiten Novemberhälfte östlich von Moskau große Transporte in westlicher Richtung ausmachen. Der Chef der Luftflotte 2, zu der diese Fernaufklärer gehören, Feldmarschall Kesselring, schreibt später, aus dieser Entdeckung hätte man weitgehende Schlüsse ziehen müssen. Doch das unterblieb, und ebensowenig wurden diese Transporte angegriffen.

Diese Transporte brachten die kältegewohnten, bestausgerüsteten sibirischen Elitedivisionen heran, die sich den ausgepumpten Angreifern knapp vor Moskau entgegenwarfen, sie stoppten und dann sofort zum Angriff übergingen. Nun war es damals noch so, daß schlechtes Flugwetter – Sturm, Wolken, Nebel, übermäßige Kälte – genügend Grund war, dann eben nicht zu fliegen. Da solche mißlichen Bedingungen zumindest in Frontnähe und in einem Frontabschnitt für Freund und Feind gemeinsam galten, war das normalerweise nicht weiter schlimm, man mußte sich dann eben am Boden auf beiden Seiten ohne Luftunterstützung behelfen. Für die Luftwaffe aber galt das bald nicht mehr: Sie mußte fliegen, egal wie kalt es oder wie schlecht das Wetter war. Denn zum ersten Mal in diesem Kriege war eine Situation eingetreten, die der deutschen Wehrmacht bis dahin unbekannt war: Bei dem wuchtigen Vorstoß der Sibirier westlich Moskau, der die deutsche Front zerschmetterte, war rings um Demjansk das II. Armeekorps unter General Graf Brockdorff-Ahlefeld eingeschlossen worden, 100 000 Mann.

Hitler befahl, den Demjansker Kessel unter allen Umständen zu halten. Aber von der Luftwaffe hing ab, ob es möglich war. Und die Luftwaffe, kaum darauf vorbereitet, die erste Luftbrücke der Welt zu errichten, schaffte es.

Innerhalb weniger Tage werden Transportverbände von überall her zusammengekratzt, selbst aus Afrika werden Ju-52-Verbände herangeholt, und dann läuft es: Auf dem knapp 50 Meter breiten und 800 Meter langen Rollfeld aus festgestampftem Schnee im Kessel landen die ersten 40 Jus, schmeißen die Ladung raus, starten wieder.

Nach ein paar Tagen läuft's noch bes-

ser. Funkfeuer sind installiert, dann wird auch eine zweite Piste zurechtgemacht; jetzt landen bis zu 150 Jus täglich im Kessel, bringen Waffen, Verpflegung, Sprit und frische Kämpfer, fliegen Verwundete aus. Zwei Jagdgeschwader schützen die Luftbrücke. Und weder die Transportflieger noch die Jäger können sich ums Wetter kümmern; sie müssen fliegen. Die Temperaturen sacken auf minus 40 Grad, den Warten frieren die Werkzeuge an den Händen fest, sie müssen mit Heißluft freigetaut werden, aber sie geben nicht auf, sie wissen, das Leben der Kameraden im Kessel hängt von ihnen ab. Zeitweise sinkt die Einsatzstärke der vorhandenen Transportmaschinen auf ein Viertel ab, die schreckliche Kälte läßt Ölleitungen und Hydraulik einfrieren, die Reifen der Fahrwerke werden hart und zerbröseln – aber sie schaffen es: Der Kessel von Demjansk hält, aus der Luft versorgt, drei Monate lang, bis er von außen aufgebrochen wird. Die Luftwaffe hat in diesen drei Monaten an die 25 000 Tonnen Verpflegung, Munition und Waffen in den Kessel geflogen, außerdem 15 000 Tonnen Sprit und ebenso viele frische Soldaten. Aus dem Kessel wurden rund 23 000 Verwundete herausgeholt – ein Triumph der Verbissenheit.

Das gilt auch für die Versorgung der weiter südlich bei Cholm eingeschlossenen Kampfgruppe, 3500 Mann unter dem Kommandeur der 281. Infanterie-Division, Generalmajor Scherer. Dieser Kessel ist ein Kesselchen, hat nur 2 Kilometer Durchmesser, besteht praktisch nur aus dem Stadtgebiet von Cholm – einen Landeplatz gibt es nicht. Dennoch landen die Jus: auf einer verschneiten Wiese zwischen den deutschen und russischen Linien. Im Rollen werden die Transportgüter aus den

In den endlosen Weiten Rußlands, an den überdehnten Fronten zwischen Ostsee und Schwarzem Meer, wuchs sich das Versorgungsproblem alsbald zu einer Dauerkrise aus. Ohne den pausenlosen Einsatz der Luftwaffe wäre bald gar nichts mehr gegangen. Bild oben: Entladung von Ölfässern aus einer Ju 52.

Bild rechte Seite: Lastensegler DFS 230 beim Nachschubflug an der Ostfront. Die Lastensegler hatten sich schon im Kampf um Eben Emael 1940 und bei der Luftlandung in Kreta 1941 bewährt. Sie ließen sich von einer Motormaschine bis in Zielnähe schleppen, klinkten dort aus und schwebten im lautlosen Gleitflug an ihr Ziel.

Maschinen geworfen, dann wird durchgestartet, noch ehe sich die Russen eingeschossen haben, während Stoßtrupps die Ladung bergen.
Als diese Methode zu verlustreich wird, werfen He-111-Bomber vom KG 4 (Kampf-Geschwader) den Nachschub über dem Kessel ab, außerdem werden vollgeladene Wegwerf-Flugzeuge, große Lastensegler vom Typ Go 242, bis direkt an den Kessel herangeflogen. Als auch das nicht mehr geht, weil die Einschnürung der Kampfgruppe Scherer zu eng geworden ist und zuviel des so herangebrachten Materials dem Gegner in die Hände fällt, weiß sich die Luftwaffe dennoch zu helfen: Jetzt werden die Versorgungsbehälter Stukas Ju 87 unter den Rumpf gehängt, und die werfen sie punktgenau auf die von den Eingeschlossenen markierten Stellen. So hält die Kampfgruppe Scherer Cholm, bis sie Anfang Mai vom Grenadierregiment 411 befreit wird. Demjansk und Cholm, zwei erfolgreiche Luftbrückenunternehmungen unter schwierigsten Bedingungen – und um einen hohen Preis: 265 Transportmaschinen gehen verloren. Das ist ein Aderlaß, der so schnell nicht auszugleichen ist – die Transportgeschwader sind auch noch dezimiert, als es gilt, die 6. Armee in Stalingrad zu versorgen.
Zuvor aber, d.h., ehe sie mit dem Stalingradproblem konfrontiert wurde, flog die Luftwaffe ihre, soweit erkennbar, einzigen wirklich strategischen Einsätze, und zwar nicht über Land, sondern über See – über dem Eismeer.
Durch das Eismeer, immer hart an der Packeisgrenze entlang, dampfen schon seit Herbst 1941, aus den USA kommend, mit Waffen und Gerät vollgeladene Geleitzüge zu den sowjetischen Nordmeerhäfen Murmansk und Archangelsk. Was das bedeutet, bekommt nicht zuletzt die Luftwaffe zu spüren: Sie muß sich ab Winter 1941 nicht nur mit den immer zahlreicher werdenden MiGs und Iljuschins herumschlagen, sondern immer häufiger auch mit Aircobras, Bostons und anderen amerikanischen Baumustern; unten auf dem Schlachtfeld tauchen in immer größerer Zahl Sherman-Panzer auf.
Es dauert merkwürdigerweise recht lange, bis sich in Deutschland die Erkenntnis durchsetzt, daß es wesentlich rationeller ist, einige Schiffe mit Hunderten von Flugzeugen und Panzern auf den Meeresgrund zu schicken, als diese Panzer und Flugzeuge später einzeln abschießen zu müssen. Jedenfalls kommen die ersten 11 Geleitzüge, die bis Februar 1942 das Nordmeer durchpflügen, ungeschoren in den Zielhäfen an. Dann erst werden Luftwaffe und Marine im nördlichsten Norwegen so verstärkt, daß man sich mit Aussicht auf Erfolg der Geleitzüge annehmen kann.
Von Plätzen knapp südlich des Polarkreises — Kirkenes, Tromsö, Banak, Bardufoss, Stavanger, Trondheim — fliegen nun das ganze Kampfgeschwader 30 (Ju 88), zwei Gruppen des KG 26 (He 111), eine Gruppe des StG 5 (Ju 87) sowie zwei Gruppen des JG 5 (Me 109) und einige Fernaufklärergruppen. Die Marine hat das Schlachtschiff »Tirpitz«, drei Schwere Kreuzer, eine Anzahl große U-Boote in Norwegens nördlichsten Fjorden stationiert.
Der erste Geleitzug, der nach dieser Kräfteansammlung von Fernaufklärern aufgespürt wird, ist der PQ 12. Am 5. März steht er südlich von Jan Mayen. Die Luftwaffe muß jedoch wegen schwersten Schneesturms untätig bleiben. Die »Tirpitz« macht sich mit 3 Zerstörern auf die Suche; vergebens, nur ein Nachzügler wird aufgespürt und versenkt.
PQ 13 wird Ende März von schwerem Wetter auseinandergetrieben, dennoch kann die III. Gruppe des KG 30 unter Hauptmann Herrmann zwei Frachter versenken, drei weitere schießen U-Boote und Zerstörer heraus.
PQ 14 gerät Anfang April ins Treibeis und muß umkehren, U 403 stellt eines der vom Eis demolierten Schiffe und versenkt es.
PQ 15 wird am 26. April aufgespürt, drei Schiffe werden vom KG 30 versenkt.
PQ 16 ist ein Riesen-Geleitzug: 35 Frachter sehen die Fernaufklärer aus ihren viermotorigen Fw 200 (Militärversion des Langstreckenflugzeuges »Condor«) am 25. Mai unter sich. Mit mehr als 100 Ju 88 gehen KG 30 und KG 26 das Riesengeleit an, entfesseln am 27. Mai rund um die Uhr eine gewaltige Luft-See-Schlacht – genügend Licht gibt es hier oben 24 Stunden lang,

die Sonne geht nicht mehr unter. Sieben Frachter schicken sie auf den Grund des Eismeeres, ein gutes Dutzend weitere werden schwer demoliert – und natürlich auch ihre Fracht: 300 Panzer, 100 Flugzeuge und 1500 Laster.

Aber richtig los geht es erst mit PQ 17, der, 36 Schiffe umfassend, am 27. Juni von Reykjavik auf Island ausläuft, bereits dabei entdeckt wird, dann aber im Nebel verschwindet. Die ersten drei schiffe verschwinden im schützenden Nebel – Doch zwei stoßen zusammen, eins läuft auf eine Klippe. 33 ziehen weiter, bewacht von dem Kreuzer »London«, sechs Zerstörern, vier Korvetten, sieben Minensuchern, zwei Flakschiffen und zwei U-Booten. Am 4. Tag der Reise reißt der Nebel auf, und prompt wird das Geleit von den Fernaufklärern wiederentdeckt. Noch ist es, nordöstlich von Jan Mayen, außerhalb der Reichweite der deutschen Bomber. Aber am nächsten Tag muß der Konvoi auf Ostkurs gehen, wenn er nicht ins Eis geraten will. Darauf hat die Luftwaffe gewartet.

Den ersten Angriff fliegen, am 2. Juli, acht Torpedoflugzeuge vom Typ He 115. Es sind altmodische, schwerfällige Wasserflugzeuge mit Schwimmern, ihre einzige Erfolgschance ist die Überraschung. Doch die aufmerksame britische Geleitsicherung läßt sich nicht überraschen, rasendes Flakfeuer schlägt der Staffel entgegen; die Maschine des Staffelkapitäns, Hauptmann Vater, wird schwer getroffen. Vater kann gerade noch wassern und sich mit seiner Besatzung ins Schlauchboot retten. Gleich darauf wassert eine zweite He 115 an der gleichen Stelle. Ohne sich um das feindliche Feuer zu scheren, fährt Oberleutnant Burmester an das Schlauchboot heran, nimmt die drei Kameraden auf und startet wieder.

Erfolg hat dieser Angriff nicht, erst der nächste, am 4. Juli. Wieder ist es eine Staffel He 115, unter Hauptmann Peukert. Diesmal gelingt die Überraschung: Die Staffel stößt aus einem Wolkenloch herunter, das Abwehrfeuer setzt erst ein, als die Torpedos schon laufen und die Maschinen schon abfliegen. Dann zucken die Männer auf den Schiffen zusammen: Die erste Torpedodetonation dröhnt über das Geleit. Peukerts Staffel hat einen großen amerikanischen Frachter getroffen.

Am Abend dieses Tages greifen zum ersten Mal KG 30 mit Ju 88 und KG 26 mit He 111 an. Die Jus mit Bomben, die Heinkels dagegen haben einen Torpedo unter dem Rumpf hängen. Drei Schiffe schießen sie aus dem Geleit heraus; einige Maschinen gehen verloren, so die He 111 des Leutnants Kanmayr, der, von der tiefstehenden Sonne geblendet, übersieht, daß er geradenweg auf einen Zerstörer zufliegt, der ihm prompt mit einem Volltreffer die Kanzel zerschmettert. Der verwundete Kanmayr kann die Maschine noch aufs Wasser bringen. Lange brauchen er und die drei anderen Besatzungsmitglieder nicht im eisigen Wasser zu schwimmen: Als Retter rauscht der Zerstörer heran, der sie soeben abgeschossen hat.

Nach diesem Angriff geschieht Seltsames: Der riesige Geleitzug zerstreut sich plötzlich in alle Winde, die begleitenden Kriegsschiffe laufen mit Höchstfahrt davon. Der Grund: Der britischen Admiralität war gemeldet worden, das deutsche Schlachtschiff »Tirpitz« sei mit drei Schweren Kreuzern und einem Dutzend Zerstörern zur Geleitzugjagd ausgelaufen. Eine einfache Rechnung ergab, daß dieser enorm starke Verband den Geleitzug viel eher erreichen würde, als man ihm etwas Gleichwertiges entgegenschicken könnte.

Da schien es sinnvoll, die begleitenden Kriegsschiffe in Sicherheit zu bringen und die Frachter einzeln fahren zu lassen, um dem Dickschiffverband ein schlechteres Ziel zu bieten.

Daran war richtig, daß die »Tirpitz« und die Schweren Kreuzer ausgelaufen waren, aber nur, um im Altafjord die Entwicklung abzuwarten. Und so machen die Großschiffe außer einem kurzen Tagesausflug auf See am 5. Juli gar nichts, dafür aber Luftwaffe und U-Boote um so mehr.

Denn für sie waren die nun ungeschützt allein fahrenden Schiffe die geradezu ideale Beute. Diese Chance wird weidlich genutzt: Das KG 30 fliegt am 5. Juli den ganzen Tag lang im rollenden Einsatz und versenkt einen Frachter nach dem anderen. Was nicht versenkt wird und sich schwer beschädigt weiterquält, das schießen die U-Boote ab. Viel bleibt nicht übrig vom Geleitzug PQ 17, insgesamt werden 24 Schiffe mit 143 977 Bruttoregistertonnen versenkt, und mit ihnen 3350 Kraftfahrzeuge, 430 Panzer und 210 Flugzeuge.

Doch der große Erfolg gegen den PQ 17 bleibt einmalig, es fehlt der Luftwaffe (und auch der Marine) an der Möglichkeit zur Kraftzusammenballung, die nötig wäre, um den Güterstrom durchs Nordmeer nachhaltig zu unterbinden. Der nächste Geleitzug besteht aus 40 Schiffen, nur 13 werden herausgebombt und -torpediert, 27 kommen heil an, in ihren Bäuchen so ungefähr die Ausrüstung für eine ganze Armee. Der Landser an der Front bekommt das zu spüren.

Diese Front ist inzwischen noch länger geworden. Die Sommeroffensive 1942 hat sie bis hinunter an den Kaukasus gedehnt; die Luftwaffe kann den hart kämpfenden Bodentruppen nur ein recht löchriges Dach über dem Kopf bieten, denn noch immer reicht die Flugzeug- und Ersatzteilproduktion für die Bedürfnisse der Front nicht aus – sie erreicht ihren Höhepunkt erst zwei Jahre später, 1944, als es zu spät ist.

So genügte im November 1942, als sich die Stalingrad-Katastrophe anbahnte,

Bild linke Seite: „Alles läuft ja wie am Schnürchen", meinten nicht nur Generalfeldmarschall von Bock und Albert Kesselring, Oberbefehlshaber der Luftflotte 2, zu Beginn des Rußlandfeldzuges. Zu Land stürmte man voran, und am Himmel wurde eine russische Maschine nach der anderen abgeschossen (Bild rechts). Doch schon 1942 lief die Produktion jenseits des Urals auf Hochtouren, und die Hilfslieferungen der Alliierten kamen erst richtig in Gang. Die Luftwaffe trieb ihrer Tragödie zu. Weder der Ausfall an geschulten Besatzungen noch an Material konnte genügend ausgeglichen werden. Aber auch in diesen schweren Zeiten ließ der Spieltrieb der Konstrukteure nicht nach. Als Mißerfolg erwies sich z.B. die BV 141 (Bild oben), das erste asymmetrische Flugzeug der Welt. Der Sinn der ausgelagerten kanzel war ein möglichst großes Sicht- und Schußfeld.

auch die Transportkapazität nicht, eine ganze Armee zu versorgen. Görings gegenteilige Zusage an Hitler war schlichtweg unverantwortlich. Es war von allem Anfang an klar, daß keine Möglichkeit bestand, täglich 300 bis 400 Tonnen Nachschub in den Kessel zu fliegen. Verständlicherweise fühlten sich Feldmarschall Paulus und seine eingeschlossene Armee, denen anderes gesagt worden war, »von der Luftwaffe verraten« und sagten es ziemlich deutlich; tatsächlich aber schaffte die Luftwaffe in den Kessel hinein (und an Verwundeten hinaus), was unter den gegebenen Umständen nur möglich war.
Hier die Zahlen: In 72 Tagen – genauer: meistens Nächten, denn tagsüber konnte nur mit Jagdschutz geflogen werden, und den gab es nicht immer – flog die Luftwaffe 8350 Tonnen Nachschub in den Kessel, entsprechend einem Tagesschnitt von 115 Tonnen, und mehr als 30 000 Verwundete heraus. Auch die Verlustziffern sprechen eine deutliche Sprache, was den schier verzweifelten Einsatz der Luftwaffe anlangt: Es gingen verloren 266 Ju 52, 165 He 111, 42 Ju 86, 9 Fw 200, 5 He 177 und eine Ju 290 – 488 Maschinen. Das entspricht 5 Geschwadern. Und 800 Fliegern.
Schon vor und erst recht nach Stalingrad blieb die Rolle der Luftwaffe im Osten auf die des Nothelfers im unmittelbaren Kampfbereich beschränkt. Nur ein einziges Mal noch errang die Luftwaffe vorübergehend an einem Frontabschnitt die Luftherrschaft – im Juli 1943, als bei Kursk die größte Schlacht des Ostkrieges begann.
Für diese Schlacht – Unternehmen »Zitadelle« – waren auf engem Raum annähernd so viele Truppen, Panzer und Flugzeuge aufgeboten wie zwei Jahre zuvor in der ganzen Angriffsfront im Osten; es war der Versuch, mit aller Kraft die in dem weit nach Westen vorspringenden Frontbogen bei Kursk stehende Masse der Sowjetarmeen einzukesseln und zu zerschlagen.
Unmittelbar vor Angriffsbeginn, im Morgengrauen des 5. Juli — rund 1700 Bomber, Schlachtflieger, Jäger stehen mit laufenden Motoren schon startbereit – scheint sich eine Katastrophe anzubahnen: Eine Armada von etwa 500 russischen Bombern und Jägern wird im Anflug auf den Raum Charkow gemeldet, wo die Masse der deutschen Luftstreitkräfte auf überfüllten Plätzen steht.
Es geht um Minuten, und nun bewährt sich die bei der Luftwaffe gepflegte Eigeninitiative der Frontkommandeure. Ohne Zeit mit Nachfragen bei übergeordneten Stäben zu vergeuden, werfen überall die Einsatzoffiziere den sorgsam ausgetüftelten Flugplan über den Haufen, der vorsah, daß zuerst die Bomber zu starten, über dem Platz zu sammeln und auf die Jäger zu warten hätten. Statt dessen jagen sie die Jäger im Alarmstart den Russen entgegen, eben noch rechtzeitig. Daraus ent-

Nach der Einkesselung der 6. Armee in Stalingrad erhielt die Luftflotte 4 den Befehl, täglich und auf unbegrenzte Zeit 300 Tonnen Sprit sowie Verpflegung, Waffen und Munition für eine Viertelmillion Mann an die Wolga zu fliegen. Damit war die Luftwaffe nun endgültig überfordert.

An mangelnder Einsatzbereitschaft der Piloten lag es nicht, daß die 6. Armee zugrundeging: 488 Maschinen gingen von November 1942 bis Ende Januar 1943 bei der Versorgung des Kessels verloren.
Bild rechte Seite: Stukas über Stalingrad.
Bild oben: Tiefangriff auf einen feindlichen Spähtrupp (erkennbar im Kreis).

Luftversorgung von Stalingrad

Aus dem Tagebuch von Generalfeldmarschall Milch, 18.11.1942

Fiebig (Kommandierender General VIII. Fliegerkorps) Vortrag:
Heute nur 3 He 111 im Einsatz. Mehr herauszubringen war wegen Schneetreiben und Schneeverwehungen nicht möglich. Hpt. Meyer umgekehrt. In den restlichen Maschinen ist je ein Offizier, der den Auftrag hat, in Stalingrad zu landen und mit Generaloberst Paulus Verbindung aufzunehmen.

Ich habe schon am 21. und 22. 11. darauf hingewiesen, daß die volle Versorgung der 6. Armee nicht möglich sei unter den besonderen Winterverhältnissen in Rußland und bei der augenblicklichen Kampflage (Besetzung der Flugplätze durch den Gegner und feindliche Bombenangriffe).

Die neuzugeführten He 111 und Ju 86 waren zum Teil nicht einsatzbereit. Bei einzelnen Flugzeugen mußten wegen der ungenügenden Reichweite Fässer eingebaut werden. Die Stunden waren fast völlig abgeflogen, die Flugzeuge unbewaffnet.

Versorgung Stalingrad: Zahlen des Heeres weichen erheblich von den Zahlen der Lw. ab:

Luffwaffendurchschnitt	150-160 t
Heeresdurchschnitt	110 t

Differenzen erklären sich durch mangelhafte Erfassung der abgeworfenen und abgeladenen Güter und außerdem dadurch, daß AOK 6 die für die Lw.-Teile in Stalingrad eingeflogenen Versorgungsgüter nicht rechnet. Luftwaffenzahlen stimmen mit den Zahlen des O.Q.H.Gr. Don überein.

Wenn Wetterlage es ermöglicht hätte, wären 250-300 t möglich gewesen. Besatzungen sind bei geradezu unglaublichem Wetter geflogen. Dafür spricht ja auch die Höhe der Verluste. Selbst die Festung hat das bestätigt.

Augenblickliches Absinken der Einsatzbereitschaft zu erklären:

1. durch Wetterlage,

2. durch Zurücknahme der vorderen Linie und dadurch notwendige Rückverlegung der Verbände.

wickelt sich eine der größten Massen-Luftschlachten des Krieges.
Der Kommandeur des VIII. Fliegerkorps schildert einen Eindruck so: »Es war ein ganz selten gesehenes Schauspiel. Überall brennende und abstürzende Maschinen! Binnen kürzester Frist wurden rund 120 Sowjets abgeschossen. Die eigenen Verluste waren so gering, daß man von einem totalen Luftsieg sprechen konnte; denn die Folge dieses Vernichtungsschlages war die deutsche Luftüberlegenheit im ganzen Kampfgebiet des VIII. Fliegerkorps.« Doch dieser Triumph ist von kurzer Dauer: Am 6. Angriffstag, als die Südzange gegen härtesten russischen Widerstand endlich 50 Kilometer Raum gewonnen hat und auch die Nordzange im Begriff ist, die letzten russischen Riegel zu durchbrechen – an diesem Tag stürmt die Rote Armee aus dem westwärts vorspringenden Orel-Bogen mit aller Macht zum Angriff los.
Das ist das Aus für das Unternehmen »Zitadelle«. Denn das Ostheer hat keine Reserven mehr, die es den Angreifern entgegenwerfen könnte. Es bleibt gar nichts anderes übrig, als den eigenen Angriff einzustellen, die Angriffsdivisionen aus den blutig erkämpften Positionen wieder zurückzuziehen und sie gegen den anstürmenden Feind zu führen. So verwandelt sich der Angriff, der die Initiative im Osten zurückgewinnen sollte, in eine erbitterte Abwehrschlacht.
Für die Luftwaffe heißt das, daß sie, wie schon zuvor, nur noch als reine Hilfswaffe für das Heer kämpfen kann; es gibt keine eigenständige Luftkriegführung mit strategischen Zielen oder operativer Schwerpunktbildung an Schwachpunkten des Feindes.
Dabei fällt der Luftwaffe mehr und mehr eine Aufgabe zu, die bei Kriegsbeginn und auch noch lange danach nicht auf ihrem Programm gestanden hatte: die systematische Panzerjagd. Panzerbekämpfung aus der Luft erweist sich bald als eines der besten Mittel, die zahlenmäßig hoch überlegenen russischen Panzerverbände zu dezimieren – Panzer sind gegen Flugzeuge ziemlich wehrlos: Nach oben sehen sie nichts, zu hören ist der fliegende Feind in den dröhnenden Stahlkisten auch nicht. Ein recht geeignetes Flugzeug für diesen Zweck war auch vorhanden: der für andere Zwecke schon veraltete Stuka Ju 87. Allerdings in leicht abgewandelter Form: Unter den Rumpf, wo sonst die große Bombe hängt, war eine automatische 3,7-cm-Pak montiert. Hans-Ulrich Rudels berühmte Panzerstaffel fiel damit über russische Panzerkolonnen her.
Auch eine andere Einheit beginnt noch während der Kursker Schlacht mit der systematischen Panzerjagd aus der Luft: die IV. Gruppe des Schlachtfliegergeschwaders 9 unter Hauptmann Meyer. Diese lag noch Tage zuvor zur Waffenerprobung in der Heimat; erprobt wurde ein neuer Flugzeugtyp, das Schlachtflugzeug Hs 129, eine bullige zweimotorige Maschine, an den wichtigsten Stellen gepanzert und damit nicht leicht verwundbar, speziell konstruiert für die Erdkampf-Unterstützung unmittelbar im Kampfgebiet.
Mit 4 Staffeln zu je 16 nagelneuen Hs 129 ist Meyers Gruppe an die Front verlegt worden, und, kaum im Einsatz, entdeckt Hauptmann Meyer auf einem Überwachungsflug eine ganze russische Panzerbrigade, die sich offenbar anschickt, dem südlichen deutschen Angriffskeil in die Flanke zu fahren. Meyer zögert keinen Augenblick, funkt seine 4 Staffeln heran. Die Russen sind, als die Hs 129 im Tiefflug herankommen, nicht weiter irritiert; sie erkennen die Maschinen, durchaus korrekt, sogleich als Schlachtflugzeuge, Flugzeuge also, die mit Splitterbomben, MGs und allenfalls 2-cm-Kanonen Infanterie bekämpfen, mit lauter Waffen, die Panzern nichts anhaben können.
Doch die Hs 129 haben im Rumpfbug gleich vier 3-cm-Maschinenkanonen, moderne Waffen mit enormer Durchschlagskraft, deren Geschosse genau wie die Pakgranaten unter Rudels Stukas mit Leichtigkeit in die weiche Stelle der Panzer eindringen können, was praktisch jedesmal sofortige Explosion oder Brand des Panzers zur Folge hat. Meyers Hs-129-Staffeln schlagen den Panzeraufmarsch zusammen, und das sollte sich von nun an wiederholen: Immer wieder stoppten die fliegenden Panzerjäger in der sich nun bis Kriegsende hinziehenden kontinuierlichen

Auf den Bildern links (von oben nach unten) die „Großen drei" unter den deutschen Jagdfliegern im Osten: Walter Nowotny, Hans Ulrich Rudel und Erich Hartmann. Nowotny, nach 258 Luftsiegen an der Ostfront nach Frankreich abkommandiert, fiel am 9. November 1944 an der Westfront. Rudel, der mit zunehmend ernster Lage an der Ostfront zur Bekämpfung feindlicher Panzer aus der Luft überging (Bild rechte Seite), wurde mit der Verleihung des Goldenen Eichenlaubs zum Ritterkreuz der am höchsten dekorierte Soldat der Wehrmacht. Hartmann war mit 352 offiziell bestätigten Luftsiegen der erfolgreichste Jagdpilot des Krieges.

Abwehrschlacht an bedrohten Brennpunkten sowjetische Panzeraufmärsche, die vom Boden aus nicht mehr hätten aufgehalten werden können. Das vermochte aber, man weiß es, das Schicksal des Ostheeres nicht zu wenden. Denn bei aller Hilfe, die die Luftwaffe der erbittert kämpfenden Truppe leistete – von Luftherrschaft, wie zu Beginn des Feldzugs, konnte schon lange keine Rede mehr sein. Mehr und mehr mußten die Landser erleiden, was es heißt, ohne eigene Luftüberlegenheit zu kämpfen. Es heißt: verlieren.

Dieser Zustand war an der Ostfront endgültig erreicht, als im Westen die Invasion begann und fast alle Jagdgeschwader aus dem Osten abgezogen wurden, in der törichten Hoffnung, dem Feind dort die Luftherrschaft streitig machen zu können. Eines der wenigen Jagdgeschwader, das im Osten blieb und den Kameraden am Boden auf dem ganzen langen Weg zurück, vom Kaukasus bis ins Reich, zu helfen versuchte, war das JG 52. In diesem Jagdgeschwader flog seit August 1942 ein 20jähriger Leutnant mit: Erich Hartmann. In den nicht viel mehr als zweieinhalb Jahren, in denen Erich Hartmann mit dem ungebrochenen Kampfgeist junger Flieger jener Zeit, zugleich mit technischer und taktischer Perfektion flog, brach er schließlich alle Rekorde, schoß 351 Feindflugzeuge ab, was ihn zum erfolgreichsten Jagdflieger aller Nationen und Zeiten machte und ihm das Ritterkreuz mit Eichenlaub, Schwertern und Brillanten einbrachte. Als der Krieg sich dem Ende zuneigte, war das JG 52 bei Brünn in der Tschechoslowakei gelandet. Am 8. Mai, morgens um 8.30 Uhr, zog Hartmann seine Me 109 zum letzten Mal hoch. Sein Auftrag: »Sehen Sie mal nach, wie weit die Russen noch von hier weg sind.« Hartmann stieg auf 4000 Meter, flog nach Brünn hinüber. Über der brennenden Stadt eine hohe Rauchwolke, unten Russenkolonnen. Sie sind da. Und dann sieht er: acht Jak 11, die siegestrunken um die Rauchwolke herumturnen, fröhlich Loopings fliegen. Da hält es ihn nicht mehr: andrücken, ran, ganz nahe, kurzer Feuerstoß, eine Jak fliegt auseinander. Hartmanns 352. Luftsieg, der letzte der Luftwaffe im Osten, wahrscheinlich der letzte überhaupt.

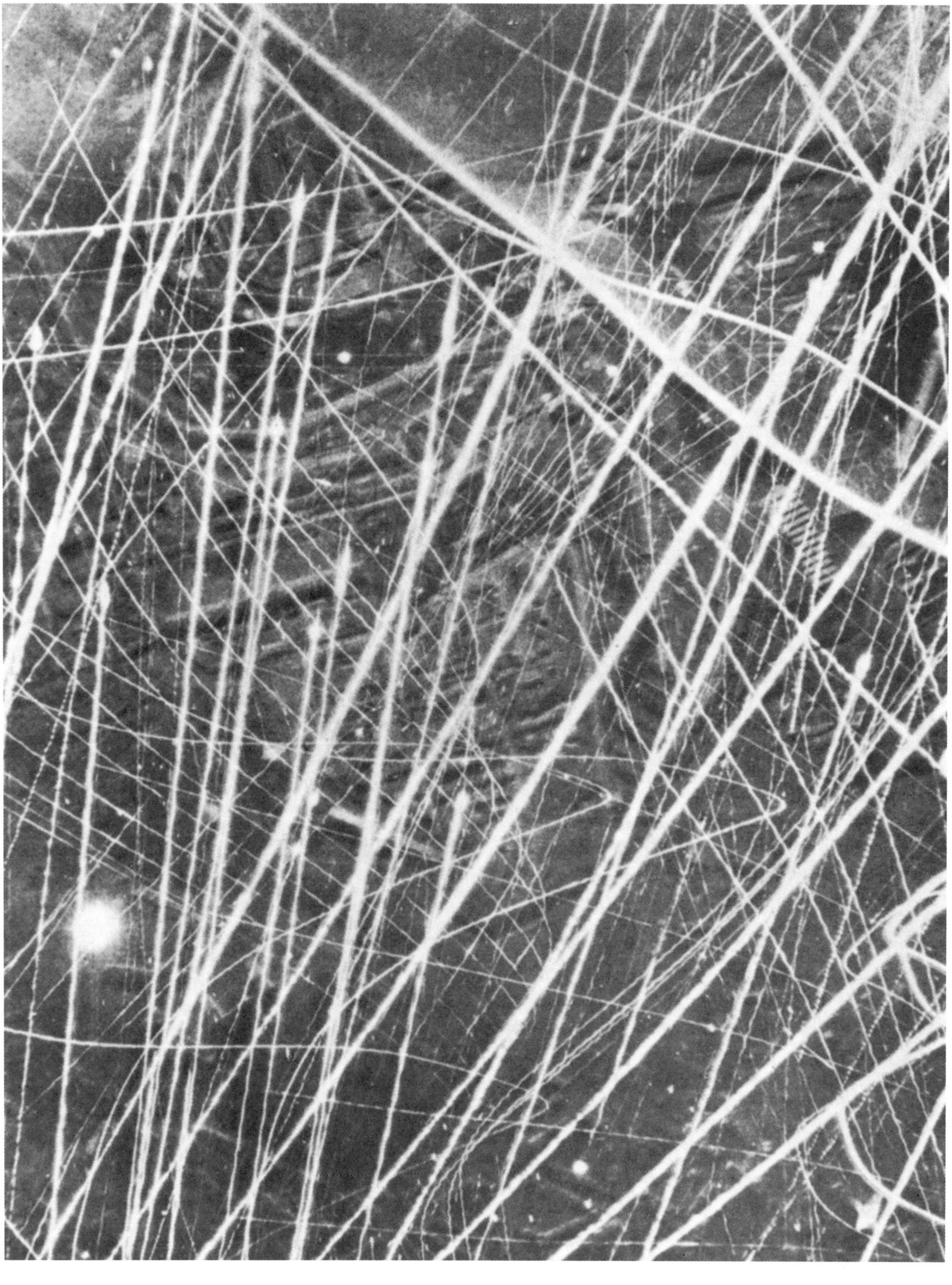

Die Reichsverteidigung

»Gegen 20 Russen zu kämpfen, die dich abknipsen wollen, oder selbst gegen ›Spitfires‹ ist ein Spaß. Und du denkst dabei noch nicht einmal daran, wie gefährlich dieses Leben ist. Aber wenn du in einen Verband von 70 ›Fliegenden Festungen‹ hineinkurvst, fallen dir alle Sünden deines Lebens ein. Und hast du dich dann endlich überwunden, dann steht die noch schlimmere Aufgabe vor dir, jeden Piloten deines Geschwaders, bis hinunter zum jüngsten Häschen, mitzureißen. Ich habe es getan – aber, mein Gott, wie schwer ist das alles...«

Der Mann, der dieses Bekenntnis am 4. Oktober 1943 schrieb, hatte noch genau vier Tage zu leben: Für Oberstleutnant Hans Philipp (26), den berühmten Kommodore des Jagdgeschwaders 1 der deutschen Luftwaffe, den Meister des florettartigen Duells Jäger gegen Jäger, den Sieger in 206 Luftkämpfen, war die Zeit des fröhlichen Jagens längst vorbei.

Der Sachse Philipp, früher ein strahlender Held und charmanter Freund des Weines und schöner Frauen, hatte statt dessen längst seine private Hölle gefunden: den dröhnenden, feuerspeienden, silberglänzenden Strom der viermotorigen Bomber, dem er sich Tag für Tag in seinem zerbrechlichen Jagdflugzeug entgegenwerfen mußte – für Führer, Volk und Reich. Wieviel Mut, Überwindung und zähneknirschende Selbstverleugnung ihn dieses Vorwärtspreschen gegen die Bomberpulks gekostet haben muß – die verzweifelten Briefe, die er in den Sommernächten des Jahres 1943 an seine Mutter und seine Freunde geschrieben hat, offenbaren es. Philipp fiel am 8. Oktober 1943 bei Nordhorn. Amerikanische Begleitjäger vom Typ »Thunderbolt« fegten ihn vom Himmel, als er versuchte, einen Verband »Fliegender Festungen« zu stellen. Hans Philipp war nur einer von Tausenden deutscher Tag- und Nachtjäger, die zwischen 1942 und 1945 in dem Duell Jäger kontra Viermot ihr Leben ließen. Daß dieser Zweikampf zwischen den deutschen Jagdverbänden und der Armada der alliierten strategischen Bomber in der Tat kriegsentscheidend gewesen ist, beweisen zahllose Dokumente und die Aussagen führender Militärs und Politiker.

Der Bombenkrieg gegen die deutschen Städte gehört zu den grausigsten Kapiteln des Zweiten Weltkrieges. Hunderttausende Zivilisten, in der Mehrzahl Kinder, Frauen und Greise, wurden das Opfer dieser in diesem Ausmaß neuen Art der Kriegführung. Von den Deutschen mit den Luftangriffen auf Warschau, Rotterdam und Coventry begonnen, wurde der Bombenkrieg ab 1942 von den Alliierten zum flächendeckenden Inferno ausgeweitet.

Bild linke Seite: der Himmel über einer deutschen Stadt im Flakscheinwerferlicht. Bild rechts: Air Chief Marshal Sir Arthur Harris, seit 22. Februar 1942 Chef des britischen Bomber Command.

Die deutschen Flieger indessen haben schon im Kriege gewußt, warum sie sich immer wieder den feindlichen Bomberströmen entgegenwarfen:

Die Viermotorigen zerwalzten die deutschen Städte, trafen die Rüstungsindustrie, pflügten die Feldflugplätze um und legten schließlich durch die Zerschlagung der Treibstoffproduktion und des Verkehrsnetzes die deutsche Kriegsmaschine völlig lahm.

Der alliierte Bombenkrieg gegen Deutschland rollte »rund um die Uhr«, also am Tage und in der Nacht, von Anfang 1943 an. Die Briten versuchten, durch Flächenbombardements die deutschen Großstädte einzuäschern und die Moral der deutschen Bevölkerung zu brechen. Die Amerikaner dagegen verfolgten das Konzept, die deutsche Kriegsindustrie durch präzise Punktangriffe zu vernichten.

Während die Briten praktisch seit Mai 1940 zum »Nachtleben« der Deutschen gehörten, tauchten amerikanische Bomber erstmals am 27. Januar 1943 über deutschem Boden auf — und zwar am hellen Tage: 64 Viermotorige der Typen B-17 »Flying Fortress« und B-24 »Liberator« flogen Wilhelmshaven an. Wolken und künstlicher Nebel machten den US-Bombenschützen schwer zu schaffen. Dennoch warfen 58 Bomber ihre Last gezielt ab. Deutsche Jäger kamen an den Verband der dicken Viermotorigen zwar heran, konnten den Angriff aber nicht verhindern: Drei amerikanische Bomber und sieben deutsche Jagdflugzeuge gingen in die Tiefe.

Göring war stocksauer: Warum, in drei Teufels Namen, waren nicht mehr Amerikaner abgeschossen worden? Schließlich hatten die »Amis« ja keinen Jagdschutz dabeigehabt! Ohne Jagdschutz

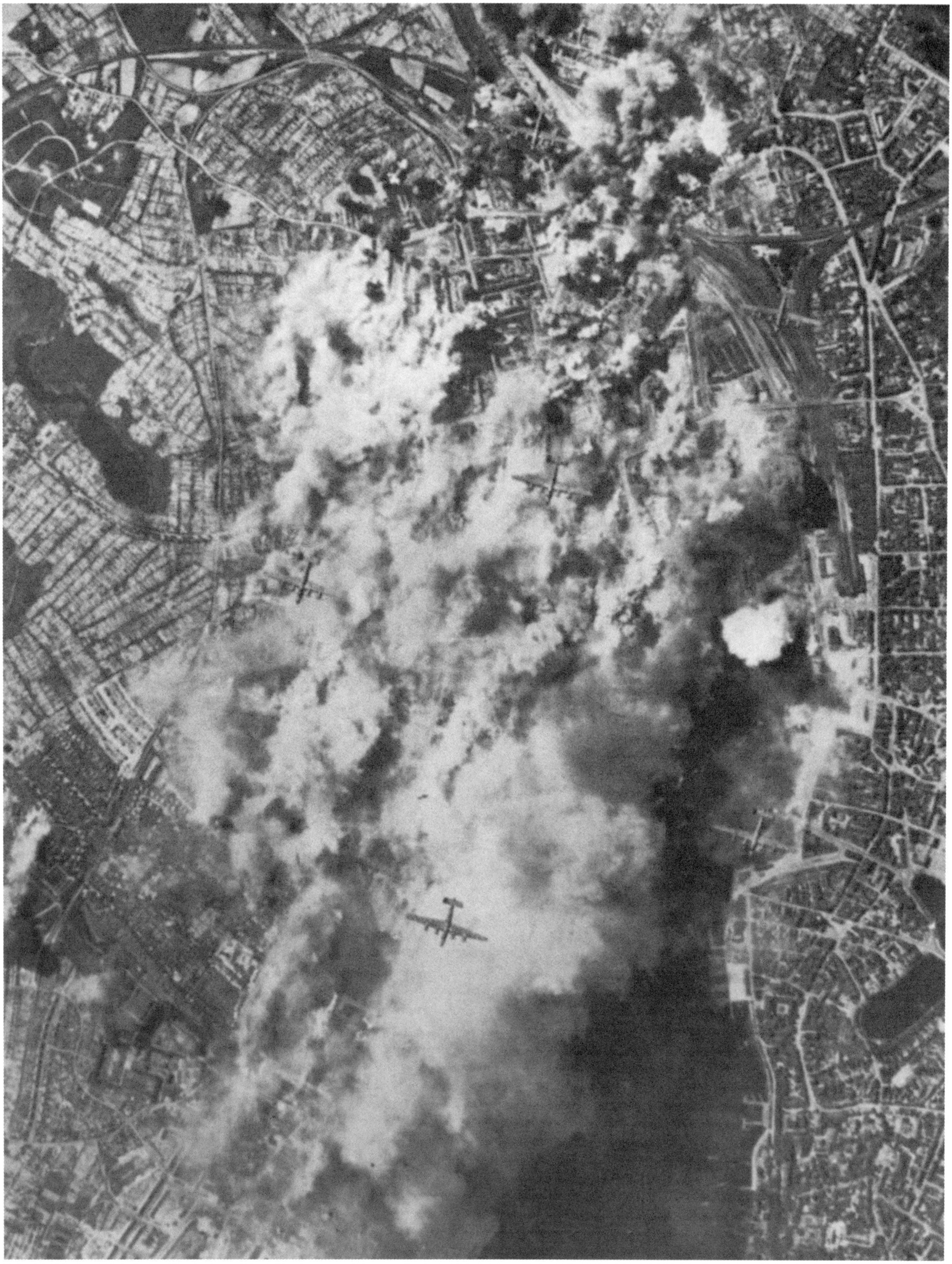

1940/41 hatte das britische Bomberkommando noch einen schweren Stand. Anders als die deutschen Bomber, die nur über den Ärmelkanal springen mußten, lag vor den Wellingtons und Blenheims ein weiter Anmarschweg ins Reichsgebiet. Das Problem der Lenkung des Zielanfluges über so weite Strecken behinderte die Aktionen. 1942 jedoch änderte sich das Bild mit der Verbesserung der Funknavigation und dem Auftauchen der ersten englischen schweren Bomber des Typs „Lancaster" (Bild oben) grundlegend. Die „Lancaster" wurde zum Hauptträger der Flächenbombardements auf deutsche Städte bei insgesamt 156.000 Einsätzen (Bild linke Seite: Luftangriff auf Kiel). Bild unten: die Habseligkeiten einer ausgebombten Familie.

aber, so hatten Deutsche und Engländer in den vergangenen drei Jahren lernen müssen, hatten die schwerfälligen Bombenträger gegen eine entschlossene Jagdabwehr offensichtlich nicht den Schimmer einer Chance...
Aber die Amerikaner dachten – und kämpften! – anders als die Europäer. Ihr Selbstvertrauen war grenzenlos. Sie setzten auf den schnellen, hoch fliegenden, schwer gepanzerten Viermot, der sich mittels seiner furchtbaren Abwehrbewaffnung von zehn überschweren MGs (später 13) den Durchbruch zum Ziel erkämpfen und dieses Ziel mittels des »besten Bombenzielgeräts der Welt«, des Norden-Visiers, auslöschen würde. Das Trumpf-As stellte dabei die Boeing B-17 »Flying Fortress« dar, die als berühmtestes und gefürchtetstes Kampfflugzeug in die Geschichte des Zweiten Weltkrieges eingehen sollte.
Gegen diese »Festungen« hatten es die schwachen deutschen Jagdverbände (Anfang 1943 standen rund 300 deutsche Jagdflugzeuge im Westen) äußerst schwer: Sie mußten erst lernen, daß ein amerikanischer Viermot durchschnittlich 12 bis 15 2-cm-Kanonentreffer brauchte, bis er vom Himmel fiel. Sie mußten sich auf das massierte Abwehrfeuer der Langstreckenbomber einstellen, die schon auf 800 bis 1000 Meter Distanz schossen, während die günstigste Abschußdistanz für den Jäger unter 200 Meter lag.
Den entscheidenden taktischen Einfall hatte schließlich der Major Egon Mayer, Kommandeur der III. Gruppe des JG 2 »Richthofen«. Er entwickelte, um der verheerenden Heckbewaffnung der US-Viermots auszuweichen, den Angriff von vorn.
»Dem Feindverband weit voraus fliegen, im richtigen Moment eine 180 Grad-Kurve, dann Angriff im Schwarm oder Staffelkeil auf gleicher Höhe wie der Gegner oder schräg von unten. Und dann – auf alle Knöpfe drücken!«
Fortan blickten die Piloten der »Fortresses« und »Liberators« direkt ins Mündungsfeuer der mit einer relativen Annäherungsgeschwindigkeit von rund 900 km/st auf sie zurasenden deutschen Jäger. Und die gefürchteten »Fliegenden Festungen« begannen zu fallen...

Gegen die Schlüsselindustrien

Weisung des US-Luftfahrtministeriums an das alliierte Bomberkommando, 28.1.1944

Es wurde beschlossen, daß bis zur Ausgabe weiterer Anweisungen durch die Chefs der Vereinigten Stäbe die ganze Schlagkraft der Strategischen Bomberflotten auf die Schlüsselanlagen der deutschen Jagdflugzeugindustrie und Kugellagerindustrie und die mit diesen Anlagen verbundenen Städte konzentriert werden soll, um die kurze Zeit vor der Operation »Overlord« auf bestmögliche Weise auszunutzen.

Die folgenden Ziele haben die erste und gleiche Dringlichkeitsstufe: Fabrikanlagen für einmotorige und zweimotorige Jagdflugzeuge und ihre Zubehörindustrie sowie die Kugellagerfabrikation. Die Zugehörigkeit zu den Kampfabschnitten ist in jedem Falle angegeben.

Das Bomberkommando der RAF soll, soweit möglich, seine Angriffe auf bestimmte Städte richten. Wenn möglich, sollen die Zielpunkte und Anfluglinien so gewählt werden, daß sie die besten Voraussetzungen zur Zerstörung ergeben. Das Bomberkommando der RAF soll bei seinen Operationen in erster Linie die folgenden Objekte angreifen:

1. Schweinfurt, 2. Leipzig, 3. Braunschweig, 4. Regensburg, 5. Augsburg, 6. Gotha. Die Reihenfolge entspricht der Dringlichkeitsabstufung für die Angriffe.

Diese Benachrichtigung wird auch an den A.C. vom Dienst der MAAF gegeben, damit er die Nachtbomberflotte im Mittelmeerraum nach seinem Ermessen in Übereinstimmung mit den obengenannten Grundsätzen strategisch einsetzen kann.

17. August 1943: 363 B-17 der 8. US-Luftflotte greifen im »Unternehmen Doppelschlag« Regensburg und Schweinfurt an. 60 Bomber (16 Prozent des Verbandes) werden in einer erbitterten Luftschlacht heruntergeholt. Die Verluste auf deutscher Seite sind, gemessen am Erreichten, gering: 25 Jagdflugzeuge.

14. Oktober 1943 : 291 B-17 greifen erneut die strategisch wichtigen Kugellagerfabriken von Schweinfurt an. Wieder werden 60 Viermots abgeschossen, nicht weniger als 138 Bomber beschädigt. 38 deutsche Jäger bleiben diesmal auf der Strecke.

11. Januar 1944: 663 US-Bomber attackieren deutsche Flugzeugwerke im Raum Oschersleben — Magdeburg. 207 deutsche Jäger und Zerstörer kommen an den Bomberstrom heran. Diesmal fallen 59 Bomber vom Himmel, gegen 41 Me 109 und Fw 190.

Eine als »top secret« klassifizierte US-Untersuchung von Ende 1943 stellt fest: Von 100 abgeschossenen Viermots wurden nicht weniger als 48 getroffen, als sie mitten im schützenden Verband flogen. Davon fielen 28 Viermots deutschen Jägern, 16 der Flak und 4 sonstigen Ursachen zum Opfer.

Von den 52 »Nachzüglern«, die durch Beschußschäden und technische Defekte aus dem Verband herausgefallen und außerhalb des schützenden Pulks abgeschossen worden waren, wurden 46 von Jägern und 5 von der Flak vom Himmel geholt, während einer aus technischen Gründen zu Boden mußte.

Diese Verluste konnten sich selbst die Amerikaner nicht leisten: Das Konzept der strategischen Tages-Präzisionsangriffe war in Frage gestellt!

Eine technologische Entscheidung rettete jedoch die amerikanische Bomberstrategie: die von der deutschen Führung nicht erwartete Entwicklung eines Langstreckenjägers, der die US-Bomberverbände von Großbritannien aus bis nach Berlin und München und zurück begleiten konnte. Die Rede ist hier von der North American P-51 »Mustang«, einer kleinen, pfeilschnellen Jagdmaschine, die den deutschen Messerschmitts und Focke-Wulfs in den entscheidenden Leistungsbereichen auch noch überlegen war. Sie wurde von Anfang 1944 an eingesetzt und

Sir Arthur Harris, als Chef des britischen Bomberkommandos der Herr über Tod und Leben von Hunderttausenden, verglich die Einsätze, auf die er seine Männer tagtäglich schickte, mit „endlosen Runden russischen Roulettes“.

Bild oben: amerikanischer Bomber beim Angriff auf ein deutsches Industriewerk. Bild rechts: das Heckteil einer abgeschossenen „Wellington“. Bild linke Seite: Schweinfurt sinkt in Trümmer. Dieses Foto wurde während eines Großangiffs auf die kriegswichtigen Kugellagerfabriken im Oktober 1943 aufgenommen.

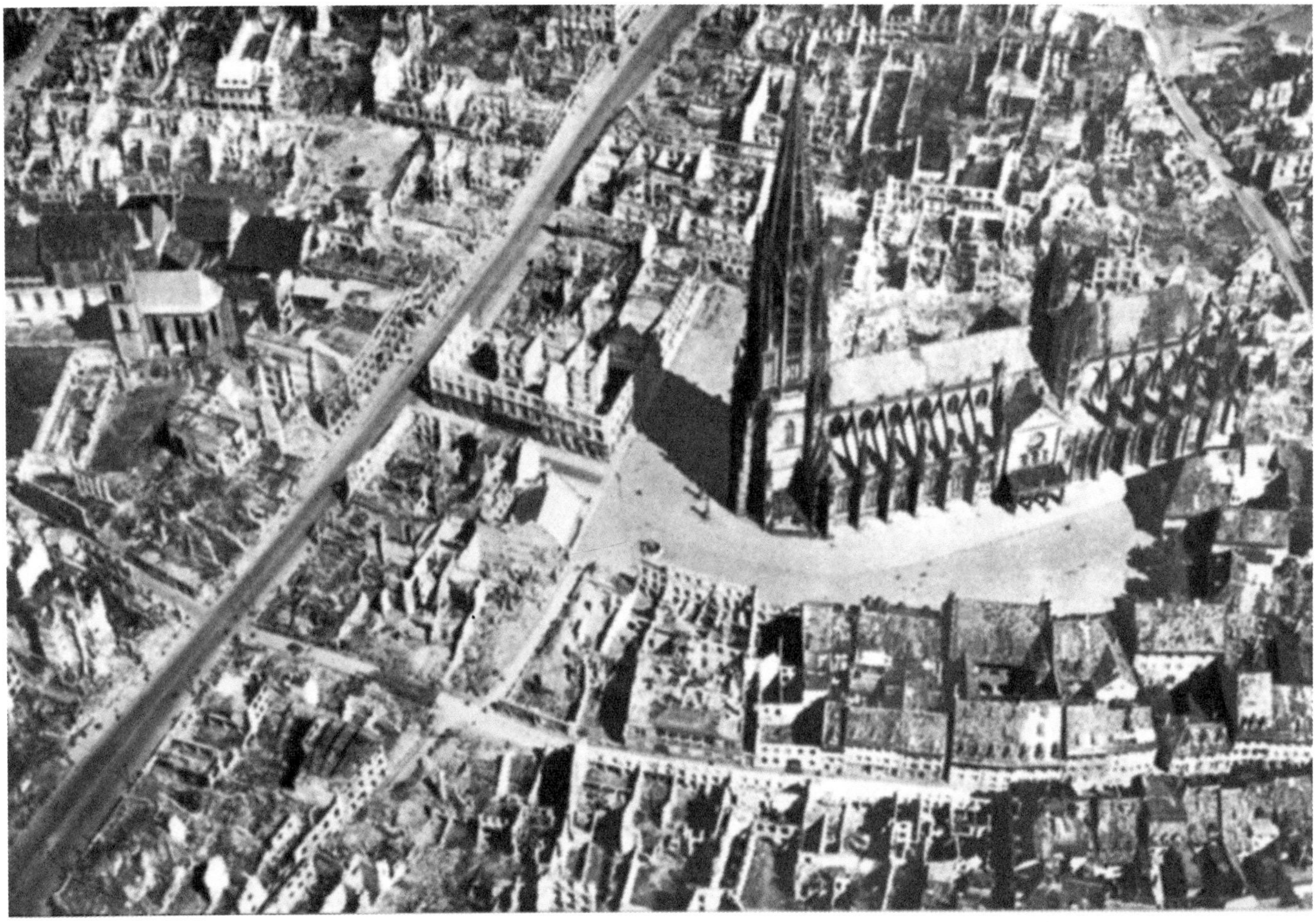

brach der deutschen Jagdabwehr – wie Galland sagte – das Genick.
Jetzt kamen die deutschen Jäger, an Zahl ohnehin weit unterlegen, kaum mehr an die Bombenträger heran. Auch Egon Mayer, der führende Viermot-Töter, der Erfinder der Angriff-von-vorn-Taktik, fiel (wie Hans Philipp und Oesau) im MG-Feuer der Langstreckenjäger: Am 2. März 1944 ereilte ihn das Schicksal bei Montmedy. Das Telegramm aus dem Führerhauptquartier, das die Verleihung des Eichenlaubs mit Schwertern zum Ritterkreuz an Mayer bestätigte, kam eine Stunde nach seinem Tode an. Der Kommodore des Richthofen-Geschwaders hatte insgesamt 102 Luftsiege im Westen errungen, davon 25 gegen Viermotorige.
Daß die deutschen Jagdflieger ab Frühjahr 1944 ihren alliierten Gegnern nicht mehr gewachsen waren, lag aber auch an der absinkenden Qualität der deutschen Nachwuchspiloten: 20jährige Jungflugzeugführer mit nur 100 bis 150 Flugstunden wurden jetzt im Feuerofen des Luftkrieges verheizt. Ihre amerikanischen und englischen Gegenspieler verfügten jedoch über eine fliegerische Erfahrung von mindestens 400 Flugstunden, bevor sie an die Front geschickt wurden. Katastrophaler Spritmangel und ein verheerender Fehlbestand an guten Fluglehrern sorgten dafür, daß die deutschen Jagdflieger für ihre alliierten Gegner mehr und mehr zu hilflosen Zielobjekten wurden.
Die Verlustlisten sagen alles: 360 tote, verwundete und vermißte Piloten im Februar 1944, rund 800 Ausfälle im Oktober 1944, 600 im Februar 1945!
Alle Dämme brachen, der Weg war frei für die Amerikaner, die mit Angriffsverbänden von bis zu 1500 Bombern und 1200 Begleitjägern pro Tag die deutsche Treibstoffproduktion und das Verkehrsnetz zerschlugen und damit der deutschen Kriegswirtschaft den Todesstoß versetzten.
Während die deutschen Jäger in ihren Messerschmitt und Focke-Wulf am Tage durch alle Höllen gingen, fochten die

Die deutsche Jagdabwehr kämpfte mit dem Mut der Verzweiflung gegen die stetig anwachsenden alliierten Bomberströme an, aber die Katastrophe ließ sich nicht mehr aufhalten. Seit 1943 herrschte über Deutschland Bombenkrieg rund um die Uhr: Am Tag kamen die Amerikaner mit ihren „fliegenden Festungen“ vom Typ Boeing B-17 „Flying Fortress“, in der Nacht kamen die britischen „Lancasters“.

Bild oben: Kondensstreifen einer alliierten Bomberflotte über Deutschland.
Bilder linke Seite: das zerbombte Freiburg im Breisgau Ende November 1944 (oben); Feldmarschall Ritter von Greim, nach der Amtsenthebung Görings durch Hitler in den letzten Tagen des Dritten Reiches letzter Oberbefehlshaber der deutschen Luftwaffe (unten).

Die »Vergeltung«

SD-Lagebericht, 18.10.1943

Die Parole von der Vergeltung wurde seinerzeit wie kaum eine politische oder militärische Zielsetzung der Propaganda vom ganzen deutschen Volk mit einmütiger Zustimmung aufgenommen. Nachdem sich herausgestellt hatte, daß die Flak und die Nachtjäger einstweilen nicht vermochten, die Heimat vor dem feindlichen Luftterror zu bewahren, erschien die Vergeltung als das einzige Mittel, den Feind zu zwingen, von diesen Angriffen abzulassen. Nur Gegenschläge, welche die Wirkungen der feindlichen Luftangriffe weit in den Schatten stellten, konnten – so war die Ansicht der Volksgenossen – diesen Terror endgültig brechen. Im Rahmen des gesamten Kriegsgeschehens maß man der Vergeltung anfänglich zwar große, aber doch nicht entscheidende Bedeutung bei. In den letzten Monaten hat der Vergeltungsgedanke hierin aber einen Bedeutungswandel erfahren. Unter dem Eindruck der ganzen Entwicklung des Krieges seit Stalingrad hat sich der Volksgenossen das Gefühl bemächtigt, daß der Ring der Feinde um Deutschland und die besetzten Gebiete immer enger werde und die Entwicklung unaufhaltsam einer Krise entgegentreibe, aus der ein Ausweg nur durch ein »Wunder« möglich scheint. Und dieses Wunder, die entscheidende Wendung des Krieges, erwartet heute die Mehrzahl der Volksgenossen – in den vom Luftkrieg betroffenen Gebieten sogar nahezu die Gesamtheit – von der Vergeltung. Diese Hoffnungen gehen viel weiter als nur auf eine Unterbindung der Terrorangriffe. Dies ist das mindeste, was man von der Vergeltung erwartet. Vielmehr soll der Gegenschlag dazu führen, daß England binnen weniger Tage oder Wochen aus dem Krieg »herausgeboxt« wird. Dies stellt man sich so vor, daß durch immense Zerstörungen in den größeren englischen Städten die Voraussetzungen für die Besetzung der Insel geschaffen werden, welche dann zum Waffenstillstand mit England führt. Amerika werde dann kein besonderes Interesse an der Fortsetzung des Krieges haben.

Männer in den zweimotorigen Messerschmit Me 110 und Junkers Ju 88 am nächtlichen Himmel ihren Kampf gegen das Bomberkommando der Royal Air Force aus. Dies war der Krieg der Einzelkämpfer, des heimlichen Anpirschens an den Gegner, der Kampf der Elektronik und der Gehirne. Auf englischer Seite wurde er bestimmt von dem Radar, das sowohl als Navigationsmittel als auch als Bombenzielgerät eingesetzt wurde, elektronischen Leit- und Störmethoden, viermotorigen Bombern mit großer Bombenzuladung wie der »Lancaster« und »Halifax«, der zweimotorigen »Mosquito«, die als Schnellbomber, Zielmarkierer und Fernnachtjäger flog, und der Taktik des massierten Bomberstroms.

Auch die deutsche Nachtluftverteidigung setzte auf die Elektronik: »Freya«-Gerät für die Vorwarnung, »Würzburg-Riese« für die Nachtjagd-Führung, »Lichtenstein« als Suchgerät an Bord der Nachtjäger, dazu taktische Verfahren wie »Himmelbett«, »Wilde Sau« und »Zahme Sau«.

Zwei Männer bestimmten über weite Strecken des Krieges hinweg diese erbitterte Nachtluftschlacht:

Sir Arthur Harris, genannt »Bomber-Harris«, der Chef des RAF-Bomber-Command. Er wollte, wie er schriftlich versprochen hatte, das Dritte Reich bis zum 1. April 1944 »in die Kapitulation bomben«. Seinen »Einstand« in den totalen Bombenkrieg gab er mit

Abwehr der fliegenden Bomben

Aus Churchills Memoiren

Schon mehrere Jahre vor dem Krieg hatten die Deutschen den Bau von Raketen und ferngesteuerten Flugzeugen in Angriff genommen und zu diesem Zweck eine Versuchsstation bei Peenemünde an der Ostseeküste errichtet. Was dort vor sich ging, blieb selbstredend streng gehütetes Geheimnis. Trotzdem gelang es nicht, die Vorgänge völlig zu verbergen, und schon im Herbst 1939 fanden sich in den Meldungen unseres Nachrichtendienstes Hinweise auf weittragende Geschosse verschiedener Art. In den ersten Kriegsjahren gingen uns von mancherlei Seiten Gerüchte und bruchstückhafte, häufig widerspruchsvolle Informationen über diese Dinge zu. Im Frühjahr 1943 befaßten sich die Stabschefs mit diesem Problem, woraufhin mir General Ismay am 15. April in einem Memorandum unter anderem vorschlug, Duncan Sandys zur Leitung aller Nachforschungen über die deutschen Versuche mit weittragenden Raketen zu bestimmen...

Am 9.Juli 1943 berichtete Sandys, neue Informationen hätten ergeben, daß außer dem geplanten Raketenangriff gegen London auch beabsichtigt werde, ferngesteuerte Flugzeuge und sehr weittragende Geschütze zu verwenden. Zwei verdächtige Erdarbeiten, eine bei Watten in der Nähe von St. Omer und eine bei Bruneval in der Gegend von Fécamp, seien entdeckt worden...

Anfang 1944 standen unsere Pläne zur Abwehr der fliegenden Bomben fest. Die Verteidigung wurde in drei Zonen gegliedert – eine Ballonsperre an der Peripherie Londons, vor ihr ein Flakgürtel und noch weiter vorn die Operationszone der Jagdflieger. Auch beschleunigten wir die Lieferung von Elektronen-Kommandogeräten und Flak-Nahzündern aus Amerika, die es, als die Bombardierung schließlich begann, den Kanonieren ermöglichten, viele der fliegenden Bomben abzuschießen...

In der Nacht vom 12. auf den 13. Juni 1944 fielen die ersten fliegenden Bomben auf London. Ihr Abschuß erfolgte in Nordfrankreich, weit entfernt von unseren gelandeten Armeen. Deren baldige Eroberung mußte unserer jetzt wieder unter einer Beschießung stehenden Zivilbevölkerung Erleichterung bringen...

Je deutlicher sich die Katastrophe an allen Fronten abzeichnete, desto fester versprach die NS-Propaganda der ausblutenden Wehrmacht wie der vom Bombenkrieg entnervten Bevölkerung „Wunderwaffen“, die angeblich in letzter Minute die Kriegswende und damit den unablässig beschworenen Endsieg bringen würden. Die Entwicklung der „Vergeltungswaffen „ V 1 (mit Tragflächen und Leitwerk ausgestatter Flugkörper mit Gefechtskopf, Bild oben) und V 2 (ballistische Flüssigtreibstoffrakete, Bild rechts) waren zwar von großer technischer, aber von keinerlei kriegsentscheidender Bedeutung. Bilder linke Seite: die Flugbombe der Firma Dornier (oben) und die Gleitbombe Hs-293 der Firma Henschel (Mitte) können als die ersten „Raketen“ der Welt betrachtet werden; unten: Luftangriff der US Air Force auf das deutsche Raketen-Versuchsgelände in Peenemünde, August 1944. Der Abnahmeprüfstand des Versuchsserienwerkes ist durch einen Pfeil gekennzeichnet.

dem Nachtangriff auf Lübeck am 28./29. März 1942. Es war das erste »Flächenbombardement« der Luftkriegsgeschichte. Die Bilanz der von 234 Nachtbombern durchgeführten Attacke: Lübecks Innenstadt durch Brandbomben vernichtet, 1400 Gebäude zerstört, 2000 schwer beschädigt, 320 Tote und 785 Verwundete unter der Zivilbevölkerung.

General Josef Kammhuber (Spitzname: »Wurzel-Sepp«) baute ab Juni 1940 als Kommandeur der 1. Nachtjagddivision die deutsche Nachtjagd auf und wurde später General der Nachtjäger.

Kammhuber entwickelte jenen nach ihm benannten Luftverteidigungsriegel vor der deutschen Westgrenze, der als eine Art »Westwall am Himmel« das britische Bomberkommando abwehren sollte: ein kompliziertes System von Scheinwerferriegeln, Flakstellungen und Nachtjagd-Räumen. Sein Rückgrat: Sogenannte Himmelbett-Stationen, die aus Radarstellungen und Operationszentralen bestanden und die deutschen Nachtjäger in den ihnen zugeteilten Räumen an den Gegner heranführten.

In diesem Revier jagten jene Männer, die schnell zu den »Königen der Nacht« werden sollten:

Der Pforzheimer Werner Streib etwa, der bereits am 20. Juli 1940, Punkt 2.15 Uhr, den ersten Nachtabschuß des Zweiten Weltkrieges erzielt hatte, eine dicke britische »Whitley«. Streib sollte es auf 65 Nachtluftsiege und bis zum Inspekteur der Nachtjäger bringen; der Dortmunder Ludwig Becker, einer der Pioniere der deutschen Nachtjagdwaffe, der Anfang 1943 in einem sinnlosen Tageinsatz gegen amerikanische Bomber »verheizt« wurde; oder der Hamburger Manfred Meurer, der 65 Nachtbomber herunterholte, und schließlich – nach einem Zusammenstoß mit der von ihm angegriffenen »Lancaster« – zusammen mit seinem Gegner in den Tod stürzte.

Um ein Haar wäre zwischen dem Sommer 1942 und dem Sommer 1943 das RAF-Bomberkommando am »Kammhuber-Riegel« gescheitert: Die Verluste der britischen Angreifer stiegen in untragbare Höhen, die Moral der englischen Bomberbesatzungen, die im Zweiten Weltkrieg insgesamt 55 000 Mann verlieren sollten, fiel ins Bodenlose. Während der sogenannten Schlacht um das Ruhrgebiet, in der die Briten zwischen dem 5. März und 4. Juli 1943 insgesamt 43 Großangriffe ge-

1944 tauchte mit der „Schwalbe“, der zweistrahligen Me 262, der erste Düsenjäger der Welt in den Lüften auf (Bilder oben und links). Die Entwicklung dieses über 900 km/h schnellen „Wunderjägers“ war schon 1939 abgeschlossen, seine Serienfertigung aber immer wieder von Hitler verzögert worden. Erst als es viel zu spät war, die Alliierten die Luftherrschaft über Deutschland errungen hatten und die deutschen Städte in Schutt und Asche sanken, konnte die Luftwaffe mit zwei Me-262-Jagdgeschwadern aufwarten.

Bild rechte Seite: Heinz Bär, mit 16 Luftsiegen am Steuer einer Me 262 der erfolgreichste Düsenjägerpilot des Zweiten Weltkrieges.

gen Deutschland flogen, verlor das Bomber Command 872 Maschinen mit rund 6000 Mann Besatzung.
Doch auch Kammhubers Sperriegel schlug die letzte Stunde: Während des Unternehmens »Gomorrha«, einer Serie von vier nächtlichen Vernichtungsangriffen, verwüsteten die Briten im Hochsommer 1943 nicht nur die Wohnviertel der Hansestadt Hamburg (30 500 Tote), sondern blendeten durch eine Geheimwaffe auch die Funkmeßgeräte der deutschen »Himmelbett«-Stationen und Nachtjäger.
Der »Westwall am Himmel« war überrannt worden, die deutschen Verteidiger waren blind, und Kammhuber, der unbequeme Perfektionist und Mahner, den Göring nie gemocht hatte, wurde gefeuert. Der »Mohr« mußte gehen...
Nach dem Feuersturm von Hamburg schienen die Tore der deutschen Städte für »Bomber-Harris« und seine nächtlichen Todesengel offenzustehen.
In dieser apokalyptischen Stunde machte die Idee eines »verrückten« Kampffliegers, des Majors Hajo Herrmann aus Kiel, Kriegsgeschichte. Der 30jährige Offizier verlangte – statt der üblichen strengen Verdunklung – die Beleuchtung der deutschen Städte bei Nacht, den Einsatz massierter Scheinwerferbatterien und die Bildung eines Verbandes freiwilliger Piloten, die in einmotorigen Schönwetter-Jagdflugzeugen der Typen Me 109 und Fw 190 über den taghell illuminierten Angriffszielen die britischen Bomber angreifen sollten!
Nach den Regeln der Kriegführung war dies alles Wahnsinn – aber der verzweifelte Göring stimmte zu! Herrmann stellte in Bonn-Hangelar das Jagdgeschwader 300 auf. Er gab ihm den Kriegsnamen »Wilde Sau«.

Hier die Geschichte des ersten großen Schlages der »Wilden Sau«:
In der Nacht vom 23. auf 24. August 1943 überfliegen 625 britische Bomber die Reichshauptstadt. Sie schleppen 1800 Tonnen Spreng- und Brandbomben. Die Sicht ist phantastisch. 300 Scheinwerfer und ganze Plantagen brennender Riesenfackeln machen die Nacht über Berlin zum Tage. Die Flak hat Befehl, nur bis 4500 Meter Höhe zu schießen. Über der Flakzone hängen die Jäger der »Wilden Sau«: »Wie Läuse« sehen sie die britischen Bomber über die von unten angeleuchtete und aufgehellte Wolkendecke kriechen. Sie nennen diese nebelweiße Fläche »das Leichentuch«.
Herrmann, der Rudelführer der »Wilden Säue«, taucht hinab, kurvt zwischen »Christbäumen« und Zielmarkierern, Flakexplosionen und grellroten Leuchtbombenkaskaden hindurch, klemmt sich hinter eine »Lancaster«, drückt auf die Kanonen- und MG-Knöpfe am Steuerknüppel. Die »Lancaster« verglüht in einem orangefarbenen Blitz.
Hinter Herrmann greift der 32jährige Ex-Lufthansa-Pilot Friedrich-Karl Müller an. In der Luftwaffe kannte man ihn, seines gewaltigen Gesichtserkers wegen, nur als »Nasen-Müller«. »Die Nase« schießt gleich drei Engländer vom Himmel. (Als erfolgreichster Jäger der »Wilden Sau« sollte es Müller auf insgesamt 23 Nachtabschüsse à la Herrmann bringen.)
57 Briten fallen in dieser Nacht.
Am 1. September fliegen Herrmanns »Verrückte« über Berlin erneut in den britischen Bomberstrom hinein und nehmen 31 Engländer mit in die Tiefe.
Herrmann erhielt später den Befehl, aus drei Geschwadern der »Wilden Sau« die 30. Jagddivision aufzustellen. Bei 16 englischen Großangriffen hatten seine deutschen »Kamikazes« dem Bomber Command mehr als fünf Prozent Verluste, gemessen an der Einsatzstärke, zugefügt. Dennoch wurde Herrmann geschlagen: von »General Winter«.
Als die deutschen Feldflugplätze im Nebel verschwanden und dichte Wolken die Sicht reduzierten, begann der Tod die Männer der »Wilden Sau« reihenweise mitzunehmen. Nur wenige der Freiwilligen hatten die langjährige

Schlechtwettererfahrung von »Nasen-Müller«. Und ihre einmotorigen Maschinen waren für Nachteinsätze nicht ausgerüstet. Viele starben bei Bruchlandungen, verloren in den Wolken die Orientierung und überzogen ihre »Mühle« oder mußten über den Wolken »aussteigen«.
Doch der Lückenbüßer Hajo Herrmann, dessen Bild sogar heute noch zwischen Genie und Wahnsinn schwankt, hatte seine Schuldigkeit getan. Jetzt nämlich traten die »konventionellen« Nachtjäger in ihren zweimotorigen Allwetterflugzeugen Me 110 und Ju 88 als »Zahme Sau« die Nachfolge der »Wilden Sau« an: Das harte Nachtjagdgeschäft war wieder in die Hände der Experten und Profis geraten. Die »Zahme Sau« basierte (technisch) auf dem stark verbesserten Bordradar »Lichtenstein SN-2«, das die »Düppel« zu neutralisieren vermochte, jene seltsamen Stanniolstreifen, mit deren Massenabwurf die Briten über Hamburg die deutschen Funkmeßgeräte erstmals außer Gefecht gesetzt hatten. Taktisch führten jetzt nicht mehr die Radarstellungen, sondern die Einsatzzentralen der Jagddivisionen, die aufgrund der Lagemeldungen der Funkmeßbeobachter über speziellen Funkfeuern Nachtjagd-Schwerpunkte bildeten und die Nachtjäger über große Distanzen hinweg in den feindlichen Bomberstrom hineinschleusten. Die Taktik der »freien Nachtjagd« war geboren.
Während die Wehrmacht an den Fronten eine Niederlage nach der anderen erlitt, schien den deutschen Nachtjägern für einen kurzen Augenblick noch einmal die Sonne des Sieges:
Zwischen November 1943 und März 1944 verwandelten sie in der »Luftschlacht um Berlin« die dritte große Bomberoffensive der Briten, mit der Harris den Krieg entscheiden wollte, in eine verlustreiche Schlappe des RAF Bomber Command. Harris mußte 953 Bomber mit rund 7000 Mann Besatzung abschreiben – und Berlin stand immer noch! Rund 70 Prozent der britischen Verluste kamen auf das Konto der deutschen Nachtjäger. Ihre großen Asse waren:
Der Württemberger Heinz Wolfgang Schnaufer, der es auf 121 Nachtabschüsse brachte. Von seinen britischen Gegneren respektvoll »das Nachtgespenst« genannt, spielte das Tanzorchester der BBC in London zu seinem 23. Geburtstag den Schlager »Nightmare« (»Nachtgespenst«). Die Engländer stellten nach dem Krieg seine Me 110 im Hyde Park in London aus. Schnaufer überlebte die große Jagd. Fünf Jahre nach dem Krieg starb er bei einem Autounfall.
Helmut Lent, der ehemalige Zerstörer-Flieger, errang 102 Nachtsiege. Der erste Brillantenträger der Nachtjäger stürzte bei Paderborn in den Tod, als während der Landung ein Motor seines Flugzeuges ausfiel und die Maschine eine Hochspannungsleitung berührte.
Heinrich Prinz zu Sayn-Wittgenstein, der frühere Bomberpilot, erzielte Abschuß-Serien von sieben, sechs und fünf Bombern in einer Nacht. Bei Schönhausen/Elbe wurde er am 21.1.1944 von einem englischen Nachtjäger abgeschossen. Es gelang ihm, die Maschine so lange zu halten, bis seine Besatzung abgesprungen war. Sayn-Wittgenstein aber, Sieger in 83 nächtlichen Luftkämpfen, wurde am nächsten Morgen tot neben dem brennenden Wrack seiner Ju 88 gefunden.
Neun Wochen nach seinem Ende, der das deutsche Nachtjagd-Korps bis ins Mark traf, erzielten Kammhubers Jünger ihren größten, ihren letzten Sieg: In der Nacht vom 30. zum 31. März 1944 schossen sie aus einem englischen Großverband, der Nürnberg in Brand stecken sollte, 81 viermotorige Bomber ab. Der Massenangriff auf die sogenannte Stadt der Reichsparteitage schlug restlos fehl.
Was nach Nürnberg kam, ist Geschichte: die Invasion, die Gemetzel von Dresden, Heilbronn, Darmstadt, Freiburg. 200, 300 Nachtjäger, die gegen Bomberströme von 1000 Maschinen antreten mußten, konnten den Untergang der deutschen Städte nicht verhindern. Die deutsche Nachtjagdwaffe ging kämpfend unter. Den Schlußpunkt unter fünf Jahre totalen Luftkrieges setzten die Statistiker:
Allein in den Jahren 1942-45 warfen Amerikaner und Briten über Deutschland 1,5 Millionen Tonnen Bomben ab. 593 000 Menschen, darunter 537 000 deutsche Zivilisten, starben. 400 000 Wohngebäude wurden zerstört.
Die Verlustzahlen der deutschen Tag- und Nachtjäger sind nicht bekannt. Sie hatten jedes Opfer gebracht.

Als es längst nichts mehr zu gewinnen gab, mobilisierte das NS-Regime im Rahmen des von Goebbels verkündeten „totalen Krieges“ Frauen und halbe Kinder, um für das nach 12 Jahren Dauer im Todeskampf liegende Dritte Reich, dessen geschichtsmächtige Existenz Hitler auf 1000 Jahre veranschlagt hatte, noch ein paar quälende Wochen Zeit herauszuschinden.

Bilder linke Seite: Übernahme von Schulabgängern in die Luftwaffe in Flensburg. Unten: Hitlerjungen, von der Schulbank weg an eine 2-cm-Flak gestellt. Bild rechts: Funkerinnen bei der Luftabwehr.

Alles brennt

Brief aus Hannover nach dem Großangriff, Oktober 1943

Wir sitzen wie in einer Mausefalle, so weit haben sich die Brände inzwischen ausgebreitet. Raus!

Aber hinaus in den Funkenregen? Ich hänge mir den Bademantel über den Kopf, tauche die Decke in das Wasser der bereitstehenden Tonne, zwei Nachbarinnen machen es ebenso, wir hängen die nassen Decken um, gehen hinaus. Und stehen einen Augenblick vor Entsetzen still.

Aus dem brennenden Haus gegenüber sehen wir zwei Menschen stürzen. Der eine sinkt um, bleibt liegen. Die Kleider brennen. Es ist eine Frau. Der Mann bemüht sich um sie. Ich sehe noch im Vorbeihuschen, daß der Mann drüben seine Frau aufzurichten versucht, daß sie schlaff zurückfällt, daß der Mann aufspringt und davonläuft.Ich stolpere über Draht. Um Gottes willen, es sind die glühenden Drähte der Straßenbahn! Ich keuche weiter. Rechts vor mir kracht ein Giebel nieder. Ein Regen von Funken sprüht auf wie ein Feuerwerk.

Weiter, weiter! Karstadt... alles brennt. Immer wieder muß ich über brennende und schwelende Balken klettern. Endlich kann ich die Frauen vor mir einholen. Es hat eine Stockung gegeben. Alles rennt und schreit durcheinander. Brenninkmeyer... ein Flammenberg. Die Nordmannstraße ... links und rechts flammende Mauern.

An der Ecke Münzstraße ein neues Durcheinander schreiender gestikulierender Menschen, von den Lichtern der Flammen überzuckt, umwölkt von Dunst und Rauch, überrieselt von Funken. Die Lange Laube ist nicht passierbar. Ein Haus, anscheinend das »Haus der Väter«, ist auf den Fahrdamm geschlagen, die Trümmer liegen quer über die ganze Straßenbreite. Kein Durchkommen.

Endlich eine Oase in all dem Krachen, in all der Glut ... der Nikolai-Friedhof. Wir sinken auf einen Stein, ein umgerissenes Grabmal, kauern uns ratlos zusammen.

Ein Mann in Uniform taucht aus dem Dunst auf, faßt uns unter den Armen, schleift uns fort. Ich verliere den Boden unter den Füßen. Dann liege ich auf weißem Leinen, lang ausgestreckt. Nur schlafen, schlafen...

Bilder oben und rechte Seite: Bader alle tot; Hanne in Maulbronn; Wo ist Frau Brylla? Drei kurze Sätze, mit Kreide an Ruinen geschrieben, und doch erzählen sie drei sehr lange und unermeßlich traurige Geschichten; Geschichten, in denen sich die Wirklichkeit des Krieges besser widerspiegelt als in der bloßen Abfolge von Kampfhandlungen.

Bild links: Anfang 1940 hatte Göring (hier beim Besuch eines Jagdgeschwaders gegen Ende des Krieges) noch angekündigt, daß er Meier heißen wolle, wenn auch nur ein einziger feindlicher Bomber über Deutschland auftauchen würde. Kein Trost für die 590.000 deutschen Opfer des Bombenkrieges.

Wo ist
Brylla ?

INHALT

Bildquellen: „Der Adler", Verlag August Scherl Nachf., München; Erich Andres, Hamburg; „Berliner Illustrierte", Ullstein Verlag/Deutscher Verlag, Berlin; Peter Blachian, München; „Deutschland im Kampf", Verlagsanstalt Otto Stolberg, Berlin; „Die Deutsche Wehrmacht", Cigaretten-Bilderdienst, Dresden; „Die Kriegsmarine", Heinrich Beenken Verlag, Berlin; „Die Wehrmacht", Verlag Die Wehrmacht, Berlin; Gente, Guerra Civile, Mailand; „Geschichte des großen vaterländischen Krieges der Sowjetunion", Deutscher Militärverlag, Berlin; Walter Hackl, Wien; „Hitler baut Großdeutschland", Zeitgeschichte Verlag, Berlin; „Hitler im Westen", Zeitgeschichte Verlag, Berlin; „Illustrierte Zeitung", Verlag von J.J.Weber, Leipzig ; Imperial War Museum, London; „Männer und Waffen des deutschen Heeres", G. Grote Verlag, Berlin; „Mit Hitler in Polen", Zeitgeschichte Verlag, Berlin; Lothar Rübelt, Wien; Hans Schaller, Berlin; „Signal", Deutscher Verlag, Berlin; Rolf Steinberg, Berlin; „Unser Weg zum Meer", Verlag Die Wehrmacht, Berlin; U.S. Army Historical Collection, Washington; U.S. Navy War Photographs, „U.S. Camera", New York; „Wir haben es nicht vergessen", Polonia Verlag, Warschau; Archiv Zentner, München; des weiteren andere zeitgenössische in- und ausländische Publikationen und Bildarchive der am Krieg beteiligten Nationen.

2. Auflage
Originalausgabe

Umschlaggestaltung: Werbeagentur Zeuner, Ettlingen
Umschlagfoto: Archiv VPM
Text und Redaktion: Jochen Brennecke, Dieter Dürk, Mathias Färber, Fritz Langour, Karl Ludwig Opitz, Horst Gunther Tolmein, Gunter Stein
Druck und Bindung: Printer Portuguesa
Printed in Portugal 1996
ISBN 3-8118-4220-X